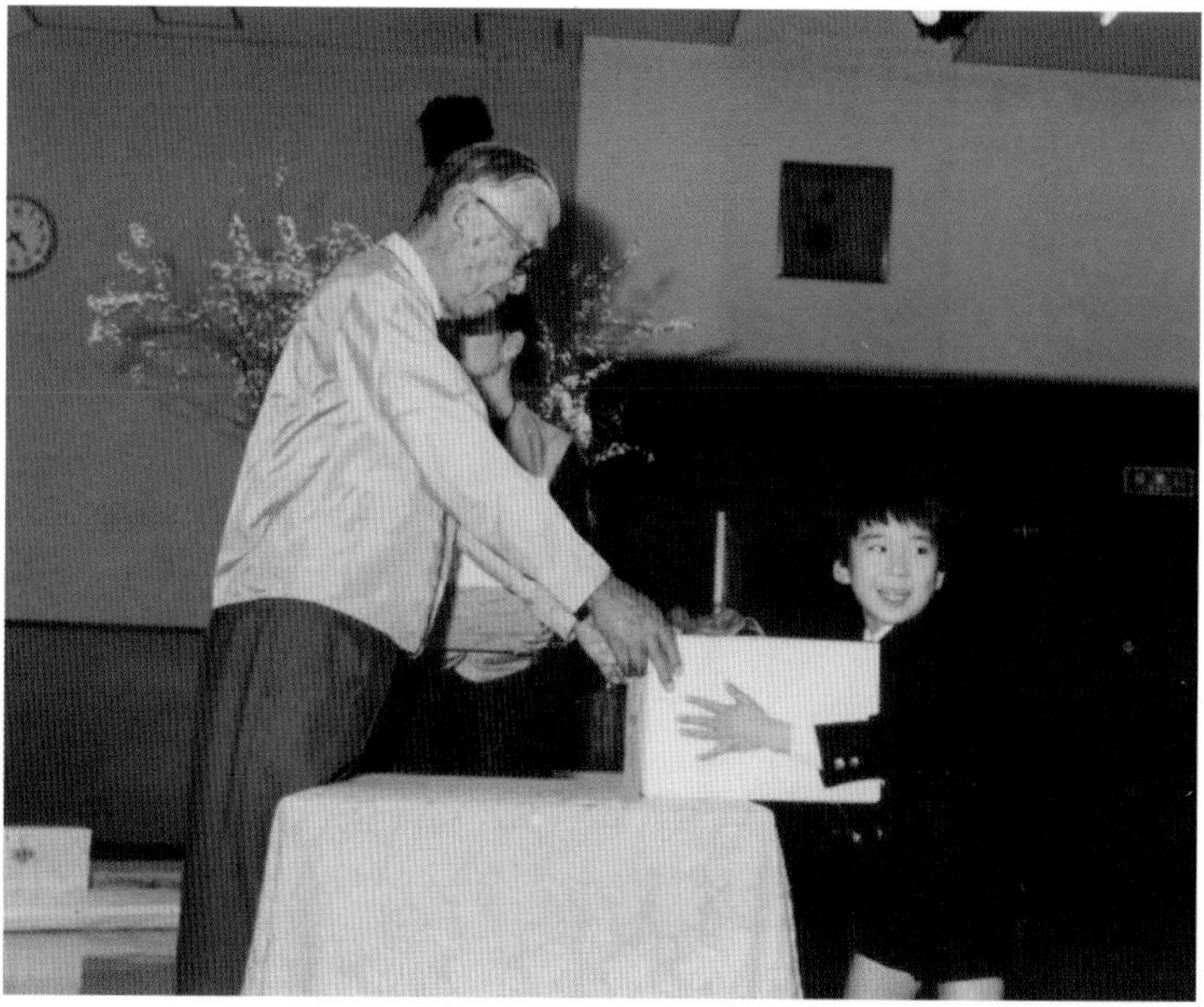

1987年3月本社講堂で79歳の井深名誉会長からランドセルを贈呈される筆者の長男

井深は戦後14年目1959年（昭和34)、国民がまだ貧しさから抜け出せておらず、小学校に進学する子どもにランドセルを買ってやれる家庭は少なかった時から、学齢期になった社員の子弟を本社講堂に招き、「何のために学校に行くのですか？」と子どもたちに次々と質問し答えさせた上で、「これから16年間通う学校で学ぶことは勉強だけでなく友達や世間の人に親切にしてあげられる人になる為に自分が何をすればいいのかを学び、良き社会人となってください」と語りかける。
その後、自らの手でランドセルを子弟一人一人に直接渡す贈呈式をソニーの恒例行事とした。

その日は親の社員は午前勤務後に残業なしで退社でき、本社講堂に迎えに行き、付き添って来た妻と3人で帰れる。1976年に名誉会長になって現役を退いた後も体が続く限り四半世紀もの間、直接手渡しを続けた。

井深 大

2025年のパラダイムシフト
井深大の箴言《しんげん》

豊島文雄 著

21世紀日本の盛衰は
“時のリーダー”で決まる！

ごま書房新社

はじめに

２０２０年に入り、新型ウイルスのコロナウイルスの感染爆発が全世界を覆い、世界中の人々に心的および経済的に重大な打撃を与えている。この状況は、１９２９年に始まった世界恐慌以上となるのではと言われている。

この21世紀におけるパンデミック、新型コロナウイルス流行のその後について、政治や社会、経済の仕組みを大きく変えるパラダイムシフトがなされると、世界的に著名な経済学者、政治学者、歴史学者などが一致した見解を発信している。

ソニーの創業者井深大による、「１８６５年に始まり２０２５年までの間、40年周期の日本社会の大転換・パラダイムシフト論」を筆者に教えてくれたのは、筆者が仕えた鹿井信雄元副社長だった。氏はＡＶ製品７年周期説に基づく商品戦略をソニー内部に定着させた功労者でもあった。その井深のパラダイムシフト論を年代順に要約すると次のとおりとなる。

1、1865年（155年前）。鎖国主義を捨てて開国宣言をした年であり、明治維新を経て日本が世界の文明国へのスタートをきった年
2、1905年（115年前）、日露戦争に勝利し、実質的に世界一流国の仲間入りの途が開かれた大転換の年。
3、1945年（75年前）、第2次世界大戦の敗戦により、国体の大転換によるショックを日本国民に与えた年。
4、1985年（35年前）物質的、経済的に未曾有の繁栄により、経済大国として世界的にも稀有な発展をした年。
5、2025年（5年後）は、時のリーダーによる大転換で21世紀の日本の未来が定まる年。

井深は1990年から晩年にかけて、自分が亡きあと、21世紀のパラダイムシフトにあたり、時のリーダーがどのように国と国民を導けば21世紀も日本が真に幸福になれるかを考察し、それをライフワークとした。そして、わが国の産学のリーダーたちに講演、21世紀を生きていない私の遺言であると伝えていた。

時のリーダー次第で、2025年の転換の年次第で、21世紀日本が真に豊かな国となる

か悲惨な状況になるかが始まる大転換・パラダイムシフトがなされると予測していた。

この2025年という年は、前安倍政権がプライマリーバランスが取れ国家財政が安定へと転換する年と定めていた。しかしながら、2020年の新型コロナウイルス対策として莫大な国債の発行を決定してその策は吹き飛んだ。


ここから、井深が言うところの、21世紀日本のパラダイムシフトにおいて、時のリーダーが導くべき内容について触れてみよう。

「高齢化が先進国で顕著となる21世紀においては、成長が期待される健康面や医療面のサービス産業の分野に日本の得意とするエレクトロニクス技術を応用した新天地を見い出す。と共に、日本文化の特質である気配り精神、即ち『人の心至上主義』を併せ持つサービス産業にパラダイムシフトをなせば、戦後の40年間と同様の国際協調に基づく豊かな日本が蘇る」

これは、井深自身が遺言であるといって託した言葉であった。このことは井深のパラダイムシフト論を聞いた一部の人たちが後に出版した本にも記されている。

アメリカのノーベル賞を受賞した著名経済学者ジョセフ・スティグリッツは、2019年8月28日に、NHKが現地取材した「欲望の資本主義2020スピンオフ」、及び、2020年にテレビ電話形式でのNHK取材番組『シリーズ、コロナ危機、グローバル経済、複雑性への挑戦』（BS1チャンネル）で次のように論じている。

「株主資本主義に基づく市場経済が、日米で機能せず、株価至上主義に陥った時、実は大金持ちだけが潤い国民は数十年前と変らない所得が続き、全くトリクルダウン効果がないことが証明された。2020年の1月から世界を襲った新型コロナウイルスによるパンデミックによって、資本主義は民主主義の一部として刷新しなければならない。株主資本主義をやめて、企業はコミュニティの一員としてすべての利害関係者の役に立たつよう利害関係者（ステークホルダー）資本主義を実践するパラダイムシフトをせねばなりません」

同時にNHK番組に登場しているフランスの著名経済学者ジャック・アタリは、「パンデミックという深刻な危機に直面した今こそ『他者のために生きる』という人間の本質に立ち帰らねばならない。利他主義という理想への転換こそ、人類のサバイバルの鍵です。21世紀は生きるために必要な医療、教育、水などの「ライフ・インダストリー〈命の産業〉に重点に置く経済にシフトすることです。次の世代の利益を大切にする行動をとることができれば、それが希望となるでしょう」と述べている。

この2人の著名な経済学者が予測したパンデミック後の社会と、井深が晩年に伝えた2025年のパラダイムシフトへの遺言とが、はからずも一致しているのに驚かされる。

ソニーのバイブルともいうべき1946年1月に井深が記した設立趣意書には、ソニーはあくまでも会社を取り巻く利害関係者（ステーク・ホルダー）の心を満足させることが会社の目的であり方針であるとして、次のように記されている。

―「技術者」の技能を生かし「従業員」の生活安定を援助、「下請工場」の育成と相互扶助、コミュニティとして「日本の再建」「文化向上」、顧客である国民に「進歩した技術の国民生活に即時応用」―

21世紀初頭に株主資本主義を信奉する社長が、業績が悪化すると、「私に期待されているのは雇用で損失を出すより株主の利益に応えようということだ」と平然と公言する。そして、リストラに走り、社員に不安や不幸をもたらすトップリーダーたちがいる。

彼らは、ソニーの創業者から見れば経営者失格なのだ。

本書では、井深が21世紀を生きるリーダーたちに伝えたいこと、即ち戦後80年目の2025年に起こるであろうパラダイムシフトの際に、社会を良き方向に導くリーダーの資質と、取り組むべき「人の心至上主義」についてお伝えする。

井深は、古代ローマの哲学者セネカ同様に人間として至高の生き方ついても伝え残しており、これも本書でお伝えしたい。

ここで筆者について触れておきたい。勝美明著『ソニーの遺伝子』（2003年日経ビジネス人文庫）のなかで登場人物として記載されており、その冒頭には「豊島は、ソニーの多くの経営幹部に〝懐刀〟的に仕えてきた市場分析のプロだ」と紹介された。

ソニーでの最初の仕事は、ウオークマン発売の6年前、テープレコーダー事業の直属企画部署に配属され、パラボラ集音機付ワイヤレスマイクで野鳥の鳴き声もテープレコーダーで録音できるアクセサリーを企画したことであった。

次のベータマックス発売当初の家庭用ビデオ事業の部署の直属企画部署では、中期生産戦略計画等に携わり、その後、業界初のCCDカメラ一体型ビデオのベータムービーが発売3年目に売上が急激に落ち込み始めた時、筆者が高画質化を意味するハイバンドベータムービーの商品企画を提案し発売され、売上げ回復による利益貢献で表彰された。

8mmビデオ開発時には、開発スケジュールのマスターテーブル作成等の開発推進業務に従事した後、直属の戦略企画部署でキーパーツの生産戦略立案と実施をフォローして生産設備投資を大幅に削減させた。


こうした経験が、運営がうまくいっていない社内事業本部の立て直しに送り込まれる副社長クラスの、いわゆる〝懐刀〟的、特殊業務に30代後半から携わった時に役立った。

経営がうまくいかなくなる原因は、大抵は幹部同士がなれ合いになってシンジケートを組む。そこには影のボスが必ずいる。影のボスは手なずけた秘書を、新任の本部長が来た時の秘書として付ける。そうすれば、誰が面会に来て何を言ったかを逐次、影のボスが把握して、直訴するような異端的人物を、新任本部長と面会させないようにもできる。この罠に取り込まれた新任本部長は、再建に失敗して立ち去ることとなる。

だから、影のボスに対抗できる〝懐刀〟を携えて乗り込めば、着任する前に、運営がうまくいっていない本部の経理資料等の公的資料や、影のボスのインフォーマル組織の存在などを予め調べ上げさせて、その後に着任する。

さすれば、着任時に、〝あてがい秘書〟を断って、〝無垢の秘書〟を選び、馴れ合い幹部は着任と同時に一掃される。新任本部長の毎月の幹部経営会議等での経営方針は、部長、課長といった中間管理職により取捨選択されて末端に一部だけしか伝えられない公式ルートだけでなく、会議を傍聴する〝懐刀〟がミニコミ誌に編集して組織の末端にまで毎月直接配布する。

乗り込んだ経営幹部のマネジメントノウハウも、その〝懐刀〟が講師となって社内セミナーを開催する。こうして新任本部長の人となりや方針や経営ノウハウを、地方や海外の工場の末端の人も知ることとなり、上から末端まで、統一された経営方針の徹底によって不採算事業を立て直すことができる。

このようにして筆者は、井深から直接薫陶を受けた副社長クラスの幹部が定年でリタイアした後も、後任の幹部の〝懐刀〟としてその志を引き継いだ。この間、オーディオ事業本部、ビデオ事業本部、テレビ事業本部、半導体事業本部、生産技術本部、コアテクノロジー事業本部等を渡り歩き、延べ6000人を教育し部長級専門職の主席にも任命された。普通のサラリーマン生活とは、かけ離れた仕事に携わった。

――（文中敬称を略します）

目次

はじめに……3

第1章 井深大の予見
―40年周期パラダイムシフト論―

近代日本を襲った40年周期のパラダイムシフト……18
21世紀・2025年のパラダイムシフト……30
パラダイムシフトとリーダーの資質について……33
パンデミック後に、利他至上主義へのパラダイムシフトを予見……40
井深が1990年に伝え残した21紀の日本が進むべき道……44

第2章 井深大の箴言

―2025年のパラダイムシフト下で生きる人たちへ―

◆大転換期のリーダーの持つべき気構え……48
第1条　末端の現場を見ながら、イノベーションのテーマを見出せ…48
第2条　究極の未来（北極星）に視点を置いて今を見る…49
第3条　研究開発の成否に直結するトップ自身による決意の表明…51
第4条　リーダーの一番の役割とは…52
第5条　縁の下の仕事をも評価する経営姿勢…52
第6条　本業に徹し、人のやらないことを苦労してやり抜くことを守るべき…53
第7条　リーダーたる者は気に入らない人を遠ざけるな…54
第8条　組織に縛られることなく人を中心に仕事を進める…54
第9条　使命感の自覚の上に立った生き方…56
第10条　良いものをつくれば自動的に売れると言うのはありえない…57
第11条　新技術は売れる値段で出せなければ社会とつながらない…57
第12条　大勢に流されずはっきりした意図をもって動く企業たれ…58
第13条　量から質への転換…59
第14条　いかなる変化にも対処しうる実力をつける努力を…60
第15条　日本は難しいものの生みの苦しみを通してでなければ生き残れない…61

第16条　技術開発は一連のチェーン全体の協力なしには成果は望めない…61
第17条　日本企業の歩むべき道…62
第18条　常識をくつがえすことから始まるモノづくり…63
第19条　命令ではなく目標を明示しチャレンジをうながすマネジメント…65
第20条　失敗は成功の母…66
第21条　感性を磨くことは経営トップに課せられた宿命…67
第22条　その場その場で最善と思うことをやり変化し対応していくこと…68
第23条　その寿命が終わるまで最良の効果を維持するものを提供せよ…68
第24条　21世紀は、製品やサービスに気配りを込めた日本独自の時代に…69
第25条　本人が自発的に興味を示すように仕向けなければ教育は身に付かない…70

◆2025年の大転換期に働く人の心構え……72

第26条　自分の持ち味を生かしてこそ成長できる…72
第27条　仕事は自らが勝ち取っていくもの…73
第28条　〈大企業〉という美酒にあぐらをかくな！…73
第29条　能力主義の本質…74
第30条　古の個々の人々たちが築き上げてきた豊かで便利な文化を、後世につなぐ生き方こそが人間としての至高の生き方である…75

第3章 人間・井深大

―「心」「技」「体」を育くんだ恩人たち―

幼少期に井深の「心」を育んでくれた母と祖父……79
神戸時代の鍛錬が井深に頑健な「体」をもたらした……89
アマチュア無線にはまってその「技」を習得……91
祖父の死が、函館太刀川家との交流を導く……92
エレクトロニクス分野へ井深を導いた恩師……94
流行作家・野村胡堂が井深を支援……100
井深を経営者に育てあげた植村泰二……106

第4章 技術魂・井深大

―究極の将来・北極星に視点を置いて今を見る―

終戦日のわずか半月後9月に東京通信研究所を開業……132
個人企業を法人成りして東京通信工業（株）を登記……146
永井特許に守られたテープコーダーの開発で経営の基礎をつくる……155

米国でポケッタブルラジオとステレオ音響の２つの〝北極星〟を見つける……171
日本にステレオ音響の素晴らしい〝北極星〟を持ち込んで元祖となる……178
トランジスタの特許権購入時の外貨使用をめぐる通産省との争い……183
半導体へのパラダイムシフトの先頭に立った日本の電子立国……186
電子立国を日本にもたらした「１・10・１００の法則」……208
日本初、世界初を連発する新製品開発手法ＦＣＡＰＳ……211

第5章 生涯を通して本業以外で力を入れた社会貢献

小学校に理科教育振興資金の供与を始める（51歳）……226
１９６９年（昭和44）幼児開発協会を設立（61歳）……228
社長業の傍らで心身障碍者施設を立ち上げる……232
ウオークマンの原型を発案（70歳）……239
増税なき財政再建を目指す土光臨調を応援（74歳）……242
ＪＲスイカ誕生の仲介（80歳）……245
東洋医学・ソニー脈診研究所所長となる（81歳）……246

第6章　エピローグ

再婚により安息の家庭を得る……250
大事な人に先立たれる……253
井深の人生哲学……254
井深の死……259

おわりに……261

第1章

井深大の予見

―40年周期パラダイムシフト論―

近代日本を襲った40年周期のパラダイムシフト

井深の言うところの「時代の社会の大転換（パラダイムシフト）」とは、ある時代、人々が信じて疑うことのなかった、例えば、地球の周りを太陽や月や惑星が回っているとされていた天動説が、コペルニクスによって、地球が回っているとの地動説が立証され、当時の絶対的権力を持った教会に大打撃を与え、その後、ケプラーやガレリオやニュートンなどによって地動説へのパラダイムシフトを人々が信じるようになった社会的現象をいう。

井深が82歳から晩年（89歳）にいたるまでの間、傾倒していたのは、自分亡き後の21世紀の日本（戦後80年の２０２５年の日本）についてであった。この時代に起こるパラダイムシフトを担う、将来の政界や学界や企業人のリーダーたちに向けて、21世紀以降も引き続き日本が国際貢献をなしながら、国民が豊かな生活をおくれる40年間を継続できるか、その方策を遺言であるとして語り続けていた。

この井深のパラダイムシフトへの遺言を理解する要旨が、「はじめに」でも述べている、井深によるところの「40年周期説の日本の大転換（パラダイムシフト）」である。

１８６５年から２０２５年に至る１６０年。井深の言わんとするこの40年周期の具体的内容を年代順に記した。とくに、井深の生きた１９０５年と１９４５年の２つの40年周期内の出来事については、井深大の原点を知るために、その履歴を第３章、第４章に記載した。

１８６５年（４周期・１６０年前）

学校の歴史で習った日本の開国は、幕府がアメリカと調印した１８５４年の日米和親条約締結日からとされているが、井深は１８６５年としている。

１８６５年は前年まで攘夷派だった孝明天皇や薩長などの勢力が開国に転換して、日米修好通商条約を含めた5か国との修好通商条約に対して勅許をなし、国論が開国に統一され、日本が世界の文明国へのスタートをきった年である。

徳川幕府は、朝廷から征夷大将軍として日本の政治経済統治を委任された３００年間においても、朝廷と幕府の権力2重構造が当時の国体であった。

幕府は諸外国と修好通商条約を結ぶにあたり、勅許を得ようと朝廷に再三嘆願したが攘夷派の孝明天皇は強硬に拒否したため、やむなく１８５８年に時の大老井伊直弼が幕府単独で5か国との修好通商条約を結んだのであった。

幕府が勝手に諸外国との通商条約を結んだとし孝明天皇の更なる怒りを招き、幕府に勅命で破棄と征夷大将軍として攘夷実行をするように命じた。諸外国と条約を取りかわした開国を破棄すれば列強との戦争となって圧倒的な軍事力の差により負けること骨身に感じていた幕府は、朝廷をなだめる為に、朝廷や攘夷派各藩に1863年を攘夷の日とするとしたが、実施する気はさらさらなかった。

1865年、米英仏蘭の4国は、2年前に攘夷派長州の下関砲台を武装解除した4国連合艦隊を大阪湾の兵庫沖に展開させ、朝廷に幕府との通商条約の勅許を求めた。列強は幕府との通商条約を締結したものの、開港が横浜などの一部のみにとどまり兵庫（現在の神戸）の開港が実行されないのは攘夷派の孝明天皇が通商条約勅許を出さないからと知って、朝廷と直接交渉しようとした。応じなければ砲撃して京都に陸戦隊を派遣し朝廷と直接交渉する構えであった。

京都に来ていた当時の将軍後見職の一橋慶喜は、4国艦隊が朝廷と直接交渉する前に孝明天皇の勅許を得ることで列強との戦争を回避させようと、京都にいる諸藩の代表を招集して、孝明天皇の御前会議を開催させた。天皇の前で条約勅許についての諸藩の意見を言わせたところロシアを含めた5か国との修好通商条約の勅許賛成が多数を占めた。

あくまで勅許に躊躇する孝明天皇に、「このまま孝明天皇が勅許拒否を続けるならば、私はこの場で切腹しますので、あとは朝廷がどうなっても私は知りません」と一橋慶喜は孝明天皇を威嚇までしたという。これに恐れをなした孝明天皇は5か国との修好通商条約を1865年勅許し国論が開国に一致した。

１８６５年は攘夷派の孝明天皇が通商条約を勅許して国論が開国に一致した年で日本が世界が認める文明国へとスタートをきった大転換（パラダイムシフト）の年であるといえる。

一橋慶喜は、その後、家茂が急死した後に15代将軍となっても、欧米の近代兵器の前に戦っても勝てない以上、朝廷を擁する薩長軍と幕府軍による国を二分する内戦は回避すべきとの信念を持って、朝廷に大政奉還をした後、恭順し謹慎という行為で貫き通した。


これにより当時世界最大の人口を擁していた江戸の町が戦火で焼かれることを防ぎ、江戸がそっくり天皇が住む首都東京に生まれ変われたのは奇跡だった。幕府が立ち上げた石川島や横須賀の洋式軍艦造船所や製鉄所等のインフラも無傷で新政府に譲渡された。

１９１２（明治45）年７月、日露戦争時の連合艦隊司令長官だった東郷平八郎は自宅に元幕府軍艦奉行だった小栗上野介の子孫、小栗貞雄と息子の又一を招き、「日本海海戦に勝利できたのは幕府がいち早く製鉄所、造船所を建設してくれていたことによる。これは元幕府軍艦奉行だった小栗上野介のお陰であることが大きい」と礼を述べたという。

１９０５年（３周期・１２０年前）

井深が誕生し日本測定器常務として終戦を迎えた２周期目の40年。

開国したばかりの東洋の小国日本が大国ロシア艦隊と戦っても絶対に勝てないと思っていた諸外国を驚かせたのが1905年の対馬沖での日本海海戦であった。

戦力では日本を圧倒していたロシア帝国のバルチック艦隊を撃破して日露戦争に勝利した1905年をもって、日本が欧米先進国の仲間入りをして国民が自信を持ち、天皇を中心とする帝国主義国家にシフトした年としている。

井深が誕生したのは4年後の1908年である。栃木県日光市の古河鉱業㈱傘下の足尾銅山日光精銅所の社宅で父甫《たすく》、母さわの長男として生を受けた。井深が2歳の時に父甫は職場での精銅の際に出る亜硫酸ガスで肺から骨髄まで病魔に侵されるようになって亡くなった。

井深は40年周期の後半の1940年に測定器を専業とする日本測定器（社長植村泰二）の常務取締役となった。

日米戦争時には潜水艦を航空機に搭載した磁気探知機で発見する精密機器や、熱線を感知して爆弾の羽を動かし誘導する電気回路部分の開発や、電話盗聴できない音叉を使った秘話装置等を、陸海軍からの依頼で開発する軍需産業に従事して1945年に敗戦を迎えた。

１９４５年（2周期・80年前）

ソニーを創業し世界的ブランドに飛躍した時代

１９４５年、日本はマッカーサー司令官が率いる占領軍ＧＨＱによって、大日本帝国体制から資本主義経済の民主国家にパラダイムシフトがなされ、その後の40年で日本はアメリカに次ぐ世界第2のＧＮＰを誇り、国民が自信を持って豊かな生活が送れる社会が実現し、経済的な大成功をおさめた40年となった。

ソニーやホンダなどに代表される戦後生まれの日本ブランドが品質において世界の人々に尊敬されるようになった時代といえる。

井深は１９４５年8月15日の終戦を国民に告げた天皇の玉音放送を、長野県須坂の日本測定器の疎開工場で８００人の従業員とともにラジオで聞いた。

敗戦を誰もが感じていた終戦直前での共同経営者の小林恵吾と井深との話し合いでは、戦争が終結したら陸海軍向けの仕事がなくなるので日本測定器を解散することは合意していた。

しかし、常務の井深は終戦宣言を聞いたら、すぐに東京に出て、民生品の会社として再出発しようと主張したが、専務の小林恵吾は頑として聞き入れなかった。

2万坪の長野県須坂工場内にはリンゴ園もあり、従業員の家族が自給自足の生活ができる。

食糧難と婦女子に危害が加えられるとうわさされている東京に戻るより、戦後の社会が落ち着くまで須坂にいた方がいいというのである。

話し合いでは、終戦の宣言直後に井深について東京に出たいと言う人たちには餞別として、いくつかの機械設備や材料を持って行くことを小林恵吾も了解してくれた。

1945年8月15日の終戦の詔勅放送があった翌日、井深が最も信頼していた経理・総務関係を担当していた太刀川正三郎を汽車で東京に向かわせた。

役目は井深の書いた紹介状を持って日本測定器の大株主でもあった満州投資証券の三保幹太郎と面会して、東京進出の拠点および資金調達の支援を打診することであった。

太刀川と面会した三保幹太郎は親会社の鮎川義介の日産コンツエルンが管理する日本橋白木屋ビルの3階の一部を貸してくれ、1万円の資金提供も約束してくれた。

太刀川から報告を受けた井深は、契約のために終戦5日後の8月20日に上京して、東京進出拠点の白木屋ビル3階と1万円を借りる契約をなした。当時、東北沢にあった井深の自宅は戦災で焼けずに残っていた。そこに9月になって須坂から、家族を呼び寄せた。

上京組の樋口晃（後のソニーの副社長）は、終戦日の翌月の9月末に井深から手渡してもらった初月給の中身を見て「こんなに頂いていいのかと感激した」と手記に書き残している。

終戦日から半月後の９月初めに日本橋白木屋３階に東京通信研究所の看板を掲げた。元日本測定器常務の井深が日本橋で開業したことを知った逓信省やＮＨＫから、官庁のインフラ再建に必要な測定器等の注文が入るようになった。

このため拠点を三鷹や長野などに広げて注文をこなすようになっていた。１９４６年初頭からは受注が本格化して、ＮＨＫから無線中継用受信機の改造、逓信院と運輸省からはレベルメーター、低周波用発信機、通信用音叉等の注文が殺到した。これらに対応する資金調達の面からも、個人事業を法人成りして株式会社化せざるを得ない状況となった。

１９４５年の終戦というパラダイムシフト、その大波に乗るという井深の電光石火の決断と行動が戦後の高度成長の波に乗り、ソニーを世界企業にのし上げていった。

戦後40年の後半期にあたる、１９７９年にはアメリカの社会学者エズラ・ボーゲルの著書『ジャパンアズナンバーワン・アメリカへの教訓』が日本でも70万部ベストセラーとなった。日本は名実ともにＧＮＰでアメリカと肩を並べる世界第２位の経済大国となり、半導体のハイテク技術分野では世界ＮＯ１の国となり、世界的に見ても大成功を収めた国とみられるようになった。

１９８４年、無償公開を前提とするトロン国産コンピュータＯＳ提唱者の坂村健氏（当時東京大学助手、その後教授）を中心とする国内電機メーカーとの産学共同の「トロンプロジェクト」が発足。世界に向け国産ＯＳによる大型コンピューターやサーバーを輸出する機運が盛り上がった。

また日本国内では１９８４年、初の放送衛星「ゆり2号ａ」が打ち上げられ「ＮＨＫ衛星第1テレビジョン」の試験放送が同年から行われ、アナログのミューズ方式ハイビジョンを衛星放送の世界規格として中南米等に採用を呼びかけるなど、いずれもハイテク技術で世界の先端を切っていた。


この日本が大成功をおさめ、ハイテク技術においても世界の先端を走るようになったことが、軍事大国のアメリカのトラの尾を踏む結果となった。コンピューターの心臓部の国産トロンチップや国産ミューズ方式ハイビジョン衛星放送技術が政治的につぶされたのである。

その結果、次の40年が転落のパラダイムシフトとなる結末を迎えることとなる。

１９８５年（1周期・40年前）

失われた日本となり一人当たりGDP世界26位に転落

１９８５年は、半導体やトロンなどのＯＳソフトウエアやハイビジョンテレビなどの日本のハイテク技術が、アメリカの防衛産業に脅威を与え安全保障を脅かすと見なされて、世界№１大国アメリカが日本に牙を向け、その先端技術に打撃を与える政策に転換した年である。

まず１９８５年に、日本を為替操作国として非難してアメリカ主導のプラザ合意によって、日本円の為替レートが翌年には半減するという急激な円高となり日本の輸出産業がダメージを受けた。

次に１９８６年の日米半導体協定により、日本製半導体のダンピング輸出防止義務と日本政府が日本のメーカーにアメリカの半導体を使わせるよう奨励する義務（日本市場でアメリカ製の半導体20%シェア目標）を負わせられた。

更に１９８７年には、不公正な貿易の報復としてアメリカ大統領令で日本製テレビとコンピュータに１００%関税を課すとの決定がなされた（アメリカの通商法３０１条）。

この結果、アメリカへは国産半導体を搭載したコンピュータやハイビジョン衛星放送受信テレビ等を国内電機メーカは輸出できなくなり、電機メーカーは国産コンソーシアムから撤退せざるを得なくなった。以後、日本はハイテク技術開発をあきらめアメリカに頼るようになり、日本市場はインテルやマイクロソフトやＩＢＭなどの半導体やＯＳソフトの独壇場となった。

プラザ合意に基づいた急激な円高は、日本国内の製造業の空洞化と実体経済の疲弊がともない、その後の5年間の急激な円高は、円貨を蓄えていた日本の銀行にとってドルで買える欧米の一等地の不動産を買い占める絶好のチャンスととらえることとなる。その結果ロックフェラービル等を買い占める、あだ花ともいえる状況が一時的に生じた。

だが、1991年になると、日本経済はバブルが崩壊し国内の株価や地価の暴落が続き、買い占めたアメリカの不動産も手放さざるを得なくなり、以降、日本は失われた30年といわれる転落が始まった。

戦後復興を支えていたかつて世界NO1と言われていた日本の電機産業はアジアで台頭してきた台湾、韓国、中国にも後れを取るようになって世界市場を奪われ衰退していった。

1991年9月12日の朝日新聞朝刊に「井深名誉会長『バブル』をしかる」とのインタビュー記事が掲載された。

井深は、土地と株は高騰すれば必ずバブル崩壊が伴うことを歴史的事実としてに知っており、バブル経済を「形が変わらないで価値が変わるのが土地と株、汗を流さずにお金が儲かるという風潮を作り上げちゃった」と語っている。

汗水たらして暮らしを支えている庶民と関係ない、一部のお金に余裕のある人たちがもつ株が値上し続ければ、それが庶民にもおこぼれがあると錯覚させられた当時の株価至上主義がバブル崩壊で自滅するのは当然と批判した。

著名な経済学者ジョセフ・スティグリッツは、2020年にテレビ電話形式でのNHK取材番組『シリーズ、コロナ危機、グローバル経済、複雑性への挑戦』（BS1チャンネル）で次のように語っている。

「株主資本主義に基づく市場経済が日米で機能せず、株価至上主義が実は大金持ちだけが潤い国民は数十年前と変らない所得が続き、全くトリクルダウン効果がないことが証明された」

井深が1991年に警告した土地と株で汗を流さずお金が儲かるという風潮は、汗水たらして暮らしを支えている庶民とは全く関係ないことが証明されている。

フランスの著名経済学者ジャック・アタリは2019年10月24日に収録された『欲望の資本主義2020スピンオフ、アタリ大いに語る』のNHKとのインタビューで、「アタリが見詰めた日本の40年間」として次のように語っている。

「40年前日本は世界一だといわれていた。日本が超大国としてアメリカに取って代わるのではないかとささやかれていました。テクノロジーの面においても世界のリーダーだという感覚もありました。ですが今ではそんな話はもうなくなりました。

私は国家の将来性の指標を47の様々なパターンでOECD加盟国の将来性を測定しています。日本は残念ながら5年前から、常に最下位か、ブービーの位置づけです。つまり、日本には将来に向けての課題が多いということです。

日本は非正規の貧しい人が多く社会的流動性がありません。社会的流動性が高い国は、子供たちの親が貧しくとも、最高の教育を受けてキャリアを積める可能性があり、より将来世代を守れるということです」

一方、中国は、1985年からのアメリカの日本たたきを分析し、中国はアメリカから為替操作国と非難されても、5Gファーウエイ製品に盗聴装置がひそかに仕込まれているという言いがかりを付けられても、日本政府がやったようにアメリカに屈して自国の企業に自主開発を断念させることはなかった。

中国がアメリカ製に切り替えるというような政策をとれば、その後の中国は失われた何十年と転落し続けることを日本から学んでいるのだ。

21世紀・2025年のパラダイムシフト

2020年（パラダイムシフトまであと5年）

安倍政権は2025年には、プライマリーバランスが均衡し国家財政の安定化へと転換すると定めていたが、2020年の新型コロナウイルスによって莫大な国債の発行を決定、その思惑は吹き飛んだ。

２０２１年に延期された東京オリンピックだが、世界にまん延した新型コロナウイルスの猛威が万一収まらなければ中止となり、建設費回収面で大幅な赤字となり、その後には日本経済のさらなる転落が続く恐れがある。

井深は、21世紀のなかで、40年周期が始まる２０２５年のパラダイムシフトは、その時期のリーダーによって、その後の40年間でわが国の経済が焼け野原になるか、逆に国民が豊かな生活を送ることができる繁栄を手にする40年となるかが決まるという。

国のリーダーによって日本国民が悲惨な目にあった例は、日露戦争後40年周期の末期である１９４１年10月。開戦派の東条英機陸軍大臣が大日本帝国の首相となって、米国と戦っても勝ち目がないと開戦反対を主張する海軍をはじめとする反対派を抑え、同年12月に真珠湾の米国艦隊の奇襲攻撃に踏み切り太平洋戦争が始まった。

この戦争で数百万の国民の人命が失われ１９４５年８月15日終戦の時には焼け野原になった都市に国民が立ちつくすという悲惨な目にあったのだ。

さかのぼれば、幕末の開国時は、世界最大の人口を要した江戸の市民は、戦乱によって巻き込まれることなく明治維新を迎え、列強の植民地にならず文明開化の恩恵を日本国民は受けることができた。

時のリーダー、徳川幕府の老中阿部正弘は、大砲を搭載できる大型船を持っていなかった日本国は列強の最新鋭の艦隊と戦っても勝ち目が全くないとの事実を認識し、「交易互市の利益を以て富国強兵の基本とする」という開国通商への幕府の大方針を定めた。

そして250年前の大船建造の禁をとき、オランダに蒸気船2隻を発注し石川島や横須賀の造船所や製鉄所などのインフラを建設。幕臣の榎本武楊など幕府軍艦操練所、翻訳所、医療施設、船大工職人、鋳物職人の17名をオランダに留学させた。

その後、現地で竣工した蒸気船開陽丸を引き取って自らが操船して留学生は帰国し、明治期に活躍した。また、15代将軍慶喜は、天皇に大政奉還し恭順した後は将軍が謹慎生活を続けている限り、国を二分する戦争が回避できるとの信念を貫き通した。

井深は、80歳以降の1980年頃から晩年まで、自分亡き後の21世紀のリーダーとなる政財界の人たちに、21世紀に直面する次なるパラダイムシフトを乗り越えるノウハウを、講演などを通して「私の遺言」として伝え続け、21世紀を生きる子孫たちが豊かな暮らしができるかどうかは、時のリーダー次第だと伝え続けたのだ。

パラダイムシフトとリーダーの資質について

変化に対する嗅覚を持つ人間にゼネラリストの経験を積ませる

ソニー創業者の井深は後継者について聞かれた時、次のように語っている。

「世の中というのは激しく変わっていく。文書に書き残す秘訣はあり得ない。変化に対し上手に大局的見地から物事を把握し、絞り込んでやれる本当のリーダーを見出して委ねるしかない。リーダーは育てると言うよりも発掘しなければ得られない。出来る人間とは違う素質がないといけない。本当のリーダーとは本人の能力自体はたいしたことがなくとも、人をまとめられる統率力があり、感性に優れ、遊び心、希望を抱き、先を見通す眼を持っている人間はそうそう育てられない」

「社会をリードしていく人間の基本的能力とは人徳である。従業員の心をひきつけ、自らの天分を悟らせる。天分を悟ると人間はその力を１００％出そうという気になる」

井深は長年の人間観察から、真のリーダータイプが必ずどこかにいることを知っていた。

企業のトップは経営数字も技術もわかるゼネラリストであることが要求される。一般的には技術屋は経理の数字に弱く、事務屋は科学の数字に疎いと言われている。

しかし、スペシャリストとしての経験、技術の変化に対応できる嗅覚をもつ人間に、さらにゼネラリストとしての能力を経験させ、その人間に次代のトップを継いでいけばいい。井深は現役時代にそう語っていた。

「人の心至上主義」へのパラダイムシフトが21世紀日本の繁栄の要である

井深は、ソニー創立30年・1976年に会長職を盛田昭夫に譲って名誉会長となって実務を離れた。翌年、井深は、盛田から、家庭用ビデオでの日本メーカー間の規格統一が成立せずとの報告を受けた。すなわち、ソニーのベータと松下電器と日本ビクターのＶＨＳの異なる２つの規格の家庭用ビデオが１９７７年末以降から順次発売される。この報告を受けた時、井深は一瞬顔色を変えた。

現役から退いたばかりの井深だが、盛田に対しソニーの幹部が集う部課長が集まる会同で敢えて話したいことがあると願い出た。

その時、幹部が集う部課長会同に登場した井深は涙を流しながら、国際協調精神に基づく業界の規格統一が、人類の発展にとっていかに大切かを切実に説き、二度と規格の分裂はさけるよう説いたという。

幕末に幕府のリーダー徳川慶喜と官軍のリーダー西郷隆盛が、日本国内で戦わずに協調することを決断し、その後の日本が植民地とならず世界の文明大国に伍する発展が出来たように、戦後の日本再建に頑張っている日本企業同志が規格で争い、海外市場にまで国内の争いを波及させるのは、井深が創業したソニーが大切にしている国際協調にもとる行為だと現役リーダーたちを叱責したのであった。

その後、カメラ一体型８ｍｍビデオやＣＤやＤＶＤでは規格統一は守られるようになった。

井深が現役時代に他社の規格を受け入れて規格統一に導いた例が二つある。

一つ目は１９６５年（昭和40）。フィリップス社がオープンリールテープをカセット化する規格への協力をソニーに依頼してきたときである。井深は、フィリップ社が特許料を無償とすればソニーが全面的に協力して、一気にフィリップス方式カセットテープを世界的に普及出来るとアドバイスした。

その結果、フィリップス方式コンパクトカセット規格統一を導き、その後コンパクトカセットを使うラジカセや車載オーディオやウオークマンなどの世界的ブームを巻き起こし世界の家電メーカーが潤った。

二つ目は1969年。当時、メモ録音や留守番電話向けのコンパクトカセットより4分の1の大きさの録音テープカセットを各社が開発していた時だ。ソニーから見るとはるかに規模の小さいオリンパス光学の内藤社長が、オリンパス方式に規格統一をしてもらえないかと井深に面会を求めてきたことがあった。

井深はオリンパス光学方式を検分して冷静に評価し、金型まで起こしていた自社方式をあっさり断念させた。世界で用いられるコンシューマー商品の場合は協調精神を以てメーカー間の互換性統一が国際協調の要と痛感していたのだった。

1977年発売したソニーのベータはなぜ敗れたか。井深の懐刀で、テープレコーダやビデオを開発してきた木原信敏・元ソニー専務は、日経産業新聞2002年5月24日において「仕事人秘録連載9、VHSに敗れた理由」と題し次のように投稿している。

―「盛田さんはVTRに関する他社との折衝を一人でやっていた。『VTRはソニーがつくったもの。技術力は他社より2、3年先行している』が口癖だった。1時間録画家庭用ビデオのベータを開発すると、すぐに米RCA社長が来社して、映画を見るには1時間録画でなく2時間録画が必要なのでこれをRCAに提供して米国で販売させてくれと要請。

私はその日徹夜をして30分延ばした90分録画のベータを完成させて、盛田さんとＲＣＡの社長の前で見せた。しかし盛田さんは「ソニーの技術は最高であり、１時間を30分伸ばす必要はない」と主張して交渉は決裂した。

ＲＣＡとの交渉こそ天王山だった。米国のテレビ市場を開拓してきた世界的企業ＲＣＡがベータを採用しなかったことは、その後のＶＨＳとの規格争いで不利に働いた。盛田さんはソニーの技術力を過信してしまったのかもしれない」――

１９９２年の新年早々。ソニーの全世界の事業拠点の幹部等２４００人を東京に集め、経営方針を伝える恒例のマネジメント会同が開催された。

テーマが「ニューパラダイムシフト」であることを聞きつけた84歳の名誉会長の井深は、パラダイムシフトに対する自身の考え方を伝えたいと、車いすに乗って参加させてもらうように申し入れた。

井深は、終了時に発言を求め次のように語った。

――「今日の話はパラダイムシフトではない。真理というものは永久のものではない。ある場所のある時に限って有効なのである。コペルニクスが、天動説は誤りで地動説を言い出した時どうだったか、今では世界中で信じられている。ソニーが（真空管全盛期に）半導体を使い出し世界中に広まり、先行するソニー製品は高くても買うというパラダイムを作り出したのは確かなパラダイムシフトだった」

「アナログのカセットテープからデジタルCD、そしてデジタルMDに転換するなどの今日のスピーカーの話は大変失礼な言い方ですけれども、技術革新に入るか入らない程度の道具立てに過ぎない。これをもってニューパラダイムシフトというのは非常におこがましいと私は考える。今、皆さんが今日《こんにち》のことばかり考え一生懸命やって解決する努力をなされていることは立派です。けれども今のソニーに必要なことは21世紀への備えが必要なのです。真のニューパラダイムシフトを考える人間が必要なのです。

会同で今日のことばかり考えるよりも、21世紀のソニーはどうするかっていうことの備えをせよというのが、私の遺言でございます」——

当時の経営陣に向かって、84歳の井深はマイクを握りしめながら叱責したのであった。

さらに、「モノと心、人間と心は表裏一体であり、人間の心を満足させるものをやらないと21世紀には通用しないということを覚えていただきたい」との言葉を加えた。

ＩＴ技術が支配するであろう21世紀に、日本が引き続き世界の人々に貢献し続けるためには、合理主義や物質中心の欧米に対して、気配りという日本の心を一体とした商品やサービスによる「人の心至上主義」へのパラダイムシフトを日本が成し遂げることが、井深が代表権を持って活躍した20世紀の30年間と同様に、21世紀の日本の繁栄と国際協調の要となると井深はソニーの幹部たちに警鐘を鳴らしたのであった。

だがソニーの幹部たちは、井深が説く「21世のパラダイスシフト」が、40年周期にあたる戦後80年、２０２５年からの40年であることを前提として話していることを知っている人間はほとんどいなかった。

井深は私の遺言と断った上で、「世の中のパラダイムシフトのリーダーシップをとるということは、世の中に信じられていないようなものに、勇敢に飛び込んで、自分で泥をかぶっていくということが一つの生き方でないかと思っています。自身は大変衰えた身体（１９９０年ごろから膠原病を罹患して足が不自由となり車いす生活）なのですけれど、残りの人生をそういうこと（パラダイムシフト）の道筋をつけておきたい」

このように語った井深は、この5年後にこの世から去った。

パンデミック後に、利他至上主義へのパラダイムシフトを予見

フランスの著名な経済学者ジャック・アタリは、「今後は21世紀を生きるために必要な医療、教育、水などの「ライフ・インダストリー〈命の産業〉」を中心とした経済にシフトするという。

井深は、現役を引退して名誉会長の時にも21世紀に向けた布石を実行していた。1989年には、脈診研究所（後に生命情報研究所と改名）をソニー内に開設、所長となり、漢方の名医が脈をとって病気の原因を診断するように、センサーで脈診して名医の判断経験を組み込んだAIソフトウエア等によって病気の原因の自動診断ツール等の医療機器開発をしようとしていたことは、その一例である。

井深は21世紀のソニーにエレクトロニクス技術の先端技術を応用して、人の健康に係わる自動診断ツール等の健康医療機器を含めた、「人の心至上主義」に基づいた産業にパラダイムシフトを期待していたと思われる。

(1) フランスの著名経済学者、ジャック・アタリ

フランスの著名経済学者ジャック・アタリは、他者のために生きるという人間の本質に立ち返るパラダイムシフトを予言している。

２００９年の著書『危機とサバイバル』で、国際市場のグローバル化や自由な流通により、今後10年以内に未知の感染症によって、破滅的なパンデミックが発生する恐れがあり、多くの個人や企業、国家のサバイバルにとって非常に大きな脅威であると警告していた。

２０２０年4月のＢＳ１チャンネル「パンデミック後の世界」のＮＨＫインタビュー番組で、ジャック・アタリはこう警鐘を鳴らした。

—「今世界を襲っている新型コロナウイルスによる１９２９年大恐慌以降の最悪の危機を乗り越える緊急の課題に対して、国家がこの悲劇をコントロールできないと証明されたら、市場と民主主義という世界のメカニズムは崩壊する危機に陥っている。最悪のシナリオは世界的な恐慌、失業、インフレにより、ポピュリストによる独裁政権が誕生して、長期不況による暗黒時代の到来となる。

パンデミックという深刻な危機に直面した今こそ「他者のために生きる」という人間の本質

に立ち帰らければならない。利他主義とポジティブ経済への転換を世界規模で変革するチャンスと思っている。戦時経済では産業が爆弾や戦闘機の生産に切り替えたように、新型コロナウイルスとの戦争に対して、医療機器、病院、住宅、水、良質な食料などのポジティブ経済へのパラダイムシフトが求められる」――

(2) アメリカの経済学者スティグリッツ

ノーベル賞を受賞しているアメリカの経済学者スティグリッツは、日本の先進製造業が21世紀の高齢者診断ツールなどの健康産業へ転換して国際貢献することを次のように予言している。

――「日本には先端技術があり得意な分野があります。アメリカの大元《おおもと》の発明を、日本がそれ以上に良いものに改良して国際社会に貢献してきた特徴があります。30年後、40年後に我々が住む惑星で、自分の子供たちが享受できるどんな社会や経済を実現したいかと考えた時、日本にはそれを明確に発言し実現する強力なリーダーがいました。

50年前の学生時代の私の恩師だった宇沢弘文は社会的共通資本を唱えアメリカの経済学者の中で大成功をした最初の日本人です。彼がアメリカを去った理由は自分の子供たちにアメリカの環境で育ってほしくなかったからです。こういったことが日本文化の良さの一部で、問題はどのようにそれを21世紀に適用させるかです。

トランプが大統領になって以来、アメリカ人の平均寿命は年々短くなっています。多くの人々がよい生活をおくれていないのが現状です。株主資本主義に基づく市場経済が日米で機能せず株価至上主義が実は大金持ちだけが潤い国民は数十年前と変らない所得が続き、全くトリクルダウン効果がないことが証明されました。

いまや市場での経済合理性だけを追求する経済理論にもとづく株主資本主義は機能しなくなった。企業はコミニュテイの一員としてのステークホルダー（利害関係者）資本主義を採用すべきとアメリカのラウンドテーブルの全員が合意しています。企業は従業員と株主と銀行と職場のあるコミュニティや顧客の役に立たなければなりません。

アメリカでは製造業の雇用者数は全体の８～９％で経済のベースはサービス業です。世界で一番高齢化の進む日本の製造業がしなければならないのは、今持っている先端技術や効率的なジャストインタイムプロダクションの能力を、サービス業である健康や医療産業に適用して、たとえば高齢化に対処する高性能な診断ツールなどを開発すれば、やがては高齢化するアメリカや中国や欧州などに輸出できるようになります」

２０２０年にスティグリッツやアタリが言っている同じ内容を、井深は30年前の１９９０年ごろから、第2章に記しているように、21世紀２０２５年の40年周期大変換期に日本が進むべき内容として、人の心至上主義による医療や健康や教育へのパラダイムシフトをせよと述べていた。

井深が1990年に伝え残した21紀の日本が進むべき道

井深は、21世紀の日本が、どのようにパラダイムシフトを成し遂げればいいかを、1990年5月に次のように語っていた。

―「ソニーは戦後の物資不足の中で、物がほしいという人達に対して、半導体技術に基づくエレクトロニクス製品（トランジスタラジオ、テープレコーダ、ステレオ、ラジカセ、ビデオ、テレビ、CDプレヤー、ビデオカメラ、デジタルカメラ、携帯電話、テレビゲーム機等）を供給することにより、社会的役割を果たしてきた。そういう意味で、開発は社会がどういうことを求めているかにもとづいているのである。ICやLSIさえ作れば何でも出来たのが20世紀後半の時代だった。21世紀に入る前に、半導体に代わる種を探し出していかねばならない」「21世紀にソニーは何をやっていたら困り、何をやれば困らないのかを、本気になって毎日考えている。21世紀というのはメディカル分野というのは非常に重要な課題。一方では心のつながりを求める宗教や哲学や芸術などに関連したソフトを組み込んだハードウエアも生まれてくる。人々の欲する者はもはや「物を持つ」ことより、それ以外のより快適な暮らしや健康を求めるようになってきた。薬産業が自動車産業並みに伸張してきているのもその顕われである。

ソニーは21世紀に生きる人間社会に新たな新天地をもたらすような布石をポンと打つことをやるべきだ。高度なエレクトロニクス技術を医療面などの21世紀に成長するサービス分野に応用する道を探せば身近な所に21世紀に向けてやれる布石があるはずだ」―


２０２０年1月から始まった新型コロナウイルスの脅威に対して、千葉県松戸市の中小企業プレシジョンシステムサイエンス社が開発したＰＣＲ全自動検査システムが、ＯＥＭ先のフランス・イタリア・スイスで大活躍して新型コロナウイルスの感染対策に貢献して、フランス大使館からも感謝状が贈られている。

しかるに、日本の得意とするエレクトロニクス技術を生かした医療面の全自動検査ツールや国産手術用ロボット等の分野が、21世紀の日本の成長産業になり得ることを理解できる政財界のリーダーが不在であった。

このため、日本では新型コロナウイルスまん延のさなかの２０２０年1月から5月にかけ、相変わらず旧式のＰＣＲ検査機しか販売できないという行政の岩盤規制によって、早期にＰＣＲ検査を受けられずに症状が悪化して死に至る人が多発し、その中には身近な有名人もいた。

第2章

井深大の箴言

―2025年のパラダイムシフト下で生きる人たちへ―

筆者は井深の現役時代の内外の講演を通して、数々の戒めの言葉や、井深自身のノウハウを聞いたこともあり、筆者が仕えた、井深と接する仕事をしていた経験を持つ数名の副社長クラスの上司たちからも井深の人となりを聞かされてきた。

その中で、井深が伝えたいと思っていた21世紀2025年の大転換期に生きる人への励みとなる箴言を、筆者がまとめたものは以下のとおりである。

大転換期のリーダーの持つべき気構え

第1条　末端の現場を見ながら、イノベーションのテーマを見出せ

時代の転換期の渦中では、移りゆく外界の情勢、社会の目指す方向の変化を現場を通して絶えず凝視つづけて、その中から変化の兆しを掴もうとする熱意をいつも持ち続けていなければ、来るべき世界は見えない。

変化というのは、末端の現場では、いち早く生じているものだが、特に、悪い兆しは中枢には意図的に伝えられないものである。

リーダーが心がけることは、研究から、開発設計、製造、販売、修理、お得意様に至る一連の企業連鎖の現場を御用聞きスタンスをとって、定期的に接することである。

今流れている製品に対する不満など多岐にわたる感触の中で、三年後、五年後の将来、どのような形にイノベーションをすれば、今のユーザーの不満の解消や、我々の繁栄につながるのかが見えてくる。

こうして見つけた対象を、集中的に考え抜くと、ふとした時に、一瞬のひらめきで具体的な形が浮かんでくる。見えてきた三年後、五年後の形を、どうやって半分の一年半後、二年半後に短縮してわが社が実現するために、何をすべきかと考え、対処する。

第２条　究極の未来（北極星）に視点を置いて今を見る

一般人は、過去の経験や、権威者が語るものの延長線上から発想する。つまり現在から将来を見通そうとするから、他社と似たり寄ったりのことしかやらないので競争には勝てない。

先を読む発想は、技術のトレンドや社会の変遷など、好奇心を以て、関連分野の展示会や学会での発表や、関連企業、はては米国のＮＡＳＡまで、機会をとらえては訪問し、様々な見聞の中から浮かび上がって見えてくる人類が目指すであろう、究極の将来（北極星）の姿を心に描くという。

半導体の専門家ならば、プロセスの微細加工が行き着いた将来にどのような世界が実現するかが見えてくるのと同じだ。

おぼろげに見えてきたものから、それをユーザーが使う姿を想像し、どのように楽しめてユーザーに新しい世界をもたらし、感動を与えている姿まで、徹夜してでも一気呵成に描きさるのだ。

こうして見えてきた未来（北極星）から現在を見れば、いま何をやらねばならないかがわかる。すると将来必要となる技術をいち早く走らせなければならなくなる。

これを実行するには、社員が一丸となって取り組むことが必要で、それにはトップ自身が社員に向かって、「目指す将来の姿を共有するための説得」と「何が何でも自分はやりぬく覚悟であるとのトップの強い決意の表明」、この二つのマインドが必須である。それが、成功を導く井深のやり方である。常に先を行く姿「北極星」を追い求めて新製品を開発し続けていれば他社は追随できない。

アップル社の創設者スチーブ・ジョブスは、若き日にソニーを訪れて、当時絶頂期のソニーが次々と世間を驚かせるイノベーションを持った新製品を送り出す秘訣を学んだ。

アップル社のトップの役割は、絶えずリスクを取ったイノベーションを持続させ、世間を驚かせる新製品を次々に世に送り出すという経営方針を確立させた。

第３条　研究開発の成否に直結するトップ自身による決意の表明

画期的なものは若い人が発想するもの、これを決断しリソースを集中するのが経営者の役割。会社が大きくなれば、未来の会社の進むべき姿は、若い人から上がってくるようになるが、トップ自身がその筋のよさを見抜いて、これを自分のものとして会社のリソースをそこに絞り込みマンパワーを配置することが肝要である。

下から上がってくる話を「いいね」と感想を述べるだけで、あとは予算やマンパワーの支援もしないで「お手並み、拝見！」と決め込み決断を避けるトップのいる会社はじり貧となる。良しとした部下からの提案をトップ自身が「何が何でも自分はこれをやりぬく覚悟である」とのトップの強い決意の表明は、一気呵成に新製品を市場展開させ競争に勝つためには必須である。

中小企業でも優れた研究開発をしているところには、技術的理解が出来るワンマントップが腕を振るっている会社が多い。このことからも研究開発の成否は、研究陣の質とか、研究費の金額とか、組織の大きさといった要素は極端に言えば無関係で、経営責任者が「こういうことをするのだ！」との決断に成否がかかっていると言える。

第4条　リーダーの一番の役割とは

リーダーのまず第一になすべきことは社員一人一人の活力を維持し育てること。根本的に忘れてはならないのは、仕事をし、会社を発展させるのは、結局は人間だと言うことである。組織のみに振り回されるのではなく、人間と人間の触れ合い、人間が人間を考えて、仕事を進めていくことが大切である。

社員が自発的に思い切り働ける環境をつくることであり、その人間が一番やりたいと思う仕事を与えること。自分がこれをやるのが会社のためだと考えたらドンドン上の人間に意見を言い主張していただきたい。

ただし仕事は自分一人でやるのではなく、和の精神をもってチームワークで進めるものである。

第5条　縁の下の仕事をも評価する経営姿勢

反面、個人としての自分を捨てて、組織の中に自分を活かすということは、人間としてなかなかに難しい問題だが、やはりそれなしに大きな仕事を完成させることはできない。

こうした中では、時として、自分の努力が目立たない陰の仕事として、いかにも犠牲的に感じられるかも知れないが、しかし、長い人生の視点からみれば、その努力が自分自身の地歩を築く上で必ずプラスになっているのは、私の経験からもそう言える。

私たち一人ひとりが、会社という一つの組織の中で、その一員として活動する以上、お互いが協力し力を結集してこそ、会社が意図する目的をはじめて達することができる。

会社での生活においては、個人としての自分よりも会社全体の中で、果して自分がどのような役割りを担うべきなのかを、あらためて考えてみる必要がある。

大事なのは人である。人と人とのつながり、絆がもっと考えられ、働くことに喜びを感じられるような環境をリーダーがつくれば社員の力が結集される。

第６条　本業に徹し、人のやらないことを苦労してやり抜くことを守るべき

私が創業したソニーは、新しいデマンド（要求）をこしらえるような初めてものばかり苦労してやり続けたら、10数年で世界的企業になった。企業の果たす役割の真髄は、リスクを取りながら老朽化した市場に新しい市場をクリエートするところにある。

ダイバーシファイ（様々にする）は大反対。いつの世になっても通用するのは、何をやるんだというしっかりした思想を持った上で、人のやらないことを苦労してやり抜き、本業に徹し続けることが重要。

新しく発明されたものや、眠っている発明を使って、人々のライフスタイルを革新するような新製品や新サービスを世界に先駆けて見出して、供給インフラを構築して、世界の人々に提供するという「1・10・100の法則」は無限の富を企業にもたらす可能性を秘めている。

マーケットもハードもソフトも、どんどん変わるのが現実の世界。人のやらないことをやり抜き、デマンドをこしらえる。この苦労をいとわずやっておくことが必ず後になってものをいう。

第7条　リーダーたる者は気に入らない人を遠ざけるな

人を率いる立場になったなら、自分と考えが違うからと言って、気に入らない人を遠ざけてはいけない。身の回りに好きな人ばかり集めていたら、自分の守備範囲を広げられない。苦手な人を味方にすれば、その人の得意な分野も自分の活動範囲に取り込めるし、自分の足りない部分を補える絶好の機会となるのだ。

第8条　組織に縛られることなく人を中心に仕事を進める

大きな組織になればなるほど、人事部という組織が絶対権力を持って社員を配置し移動させ、人間を無理に仕事の中にはめ込む。組織の力によって命令で無理やり動かざるを得ない官僚主義や形式主義の会社がたくさんある。

競争社会の中で会社は常に敵前で戦争展開をしている。企業内の秩序ばかり気にしていては企業戦争に勝ち抜けない。組織はあるがそれにこだわり動脈硬化になるようなことはしないと言うことである。

変化していく世の中にあってモノを市場に送り出すことを優先して、一人ひとりが十分な力を出しうるよう協力、努力をしてやれるような柔軟性のある組織で構成される会社とすることが一番大切なことだ。

戦時中、日本の科学技術体制における官僚主義や形式主義がはびこって貧弱な成果しかあげられなかったこと。何がこれ等の真剣なる気持ちを鈍らすものであるかということをいやというほど痛感した。

だから自分が創った会社では「技術者の真剣なる気持ちを１００％活かす」ことを以って出発点とし、官僚主義や形式主義をトップ自らが否定するところに経営の基礎を置いたのである。

会社が大きな組織になればなるほど幹部や社員皆がこのことについての配慮を心がけるよう強くお願いする。会社を良くする為に、任期中に何を残していけるかを常に考えていただきたい。

第9条　使命感の自覚の上に立った生き方

吉田松陰と井深大、この二人に共通している状況。黒船によるアジの植民地化の国難に直面し、新しい時代を創らねばとの思いをもつに至った松陰、第二次大戦下で日本の科学技術の劣勢にいかんともなしがたい思いをさせられ日本再建を決意した井深。

松陰の教えは、「肉体は『私』、心は『公』」。肉体はそれ自身の欲求を持っている。怠惰も卑怯もついてくる。しかし、心は『公』である。どんな場合にも人間は自分の良心を偽ることはできない。

『公』と『私』、どのような人間の中にも二つながら併存している。

リーダーの役割は、この『公』の面を人々に示し勇気づけてやること。これを井深は「説得工学」と名付けている。明治の人々が世界の人々から品格で一目置かれたのは、国の為に尽くす使命感、『公』の心が外国の人々に感銘を与えたからだ。

「ソニーブランド」が世界の人々に認知されたのも、最高の技術をコンシューマー商品に盛り込んで供してきた『公』の実績で人々の尊敬を勝ち取ったのだ。

使命感の自覚の上に立った生き方をすれば、人の品格や品性は輝き出すのだということ。と同時に、ブランドも輝き出すのだということを井深は身をもって教えてくれた。

第10条　良いものをつくれば自動的に売れると言うのはありえない

新しい製品を売るためには消費者に対する徹底的な教育が必要。この商品についての啓蒙宣伝、教育さえ徹底すれば未知の市場が開拓できる。

いいものを作れば自動的に売れると言うのはありえない。マーケットを構築するということが非常に大切であり、営業というものは無視できない。

未知の商品には、まずどういう商品であるかを知らせること、この商品を使ったら生活の上でどういう利便があるか、どんな楽しみが増えるかを先行して聞かせる。

その意味で広告は教育（或は説得）である。自ら計画し、自らマーケットをつくり、自らの販売計画で売るべきである。

第11条　新技術は売れる値段で出せなければ社会とつながらない

良い発明、良い技術によって新しい製品が出来たとしても、高すぎて売れなければ、我々の発展に何の役にもたたない。

まず値ごろ感を知ることが大事。動く値段、売れる値段で売り初めて技術が社会とつながり、工場や市場からのフィードバックによる改善活動がなされ、さらに儲けを出すには何をすればいいのかも見えてきて、広く世に新製品を広めることが出来る。

業務用とか、官需用とか、軍需用とはちがって、民需用の機器開発は、ある意味で、想定するユーザーの平均月収以下に売れる値段となるようにコストダウンが開発に求められる。

第12条　大勢に流されずはっきりした意図をもって動く企業たれ

成長がとまり変化の激しい大変な時期こそ、当たり前に当たり前のことをするだけではどうにもしょうがない時代、企業は製品的に抜きん出たものをどうしてもこしらえあげていかなければならない。

会社全体として、はっきりとした意図を持って「こういうためにこういうことをやるのだ」、「こういうマーケットが出来ると思うからこれにふさわしい品物をこしらえるのだ」とのベクトルが示され、各部署が勝手に進むのではなく、一つの思想をもって動いていく。これらが行われ続ける限り、企業はどんな困難の中にも泳ぎ抜いていくことが出来る。

外界の状況によって変わるベクトルに対しては会社全体の方向性が刻々と変化する中で、社員がどういう役割を演ずるかを自ら考えて、素早いフレキシビリテイを持って対処できるようにしないといけない。事業部という組織の殻の中にはまって柔軟性を失うことは恐ろしいことだ。

第13条　量から質への転換

人間が毎日を惰性で生きていくのであるならば人間としての価値はない。同じことの繰り返しは機械やコンピュータの方がはるかにましだ。人間である以上、次々に身の回りに起こってくる問題に対し、常に新しい解決法を考え、実行していって欲しいものだ。

私たちが今考えなければならないことは、経済成長を遂げた日本が成長が止まっても豊かで良い国であり続けるには質的な転換が必要ということ。ここで会社の創立当時の気構えを思い出してもう一つの新しい業態へ転進していくものを期待しなければならない。

この新しい道は、会社から方針を出すと言うのではなく、社員一人ひとりがはっきりした考えを持ってこれに対処していくということだ。

売上高や設備等の資産や機種数など　数字的に拡大することに溺れてしまっている様な気がしてなりません。経済のあり方、企業のあり方において数字は二の次にして、質を第一にしなければならないときになった。

ある場合には、会社の方針に逆らって自分が良いと思うものを主張すべきときもあろうかと思われる。それが本当に良いものであれば、自身の努力と力で上の人に認めさせるべき。

「上の人はちっともわかってくれない」というクレームをよく聞かされるが、上の人を説得し、従わせるのも、その人のやらなければいけない務めであり、そういう力を持っていただきたい。新しく生まれ変わる時には「量より質を重視し、問題を一人ひとりのものとして真剣に考え実行する以外に生きる道はない」と言うことに尽きると思う。

特にこれからの質の考え方は、単に品質であるとかではなしに企業自体が対人間社会に対しどういうような影響を与えるだろうかと質的にものを考えていくことが必要だと思う。

第14条　いかなる変化にも対処しうる実力をつける努力を

世界は常に変化し、テクノロジーも変化する、人々の嗜好もニーズも望みも変化する。私たちは常にいかなる状況の変化にも即座に対応し得るだけの力を身につけ、それに応じられる万全の備えを私たち自身の中に蓄えておかなければならない。

私たちには常に新しいものに向かって挑戦するという心構えがより必要ですし、そのためにも絶えず新しいものに対する勉強を怠ることは許されないのだ。

新しいもの、世の中にないものを目指している限り、競争相手を恐れることはないし、むしろ好ましい存在となる。「次へ」、「先へ」といつも考えることのできる人を育てることが大切なのだ。

常に最新の技術に取り組んで行くところにこそ会社の真価がある。変化と対峙し如何に問題を乗り越えていくかで人間の本当の力量が見出される。

変化の中に自分を生かす努力を願ってやみません。

第15条　日本は難しいものの生みの苦しみを通してでなければ生き残れない

ソニーがトランジスタラジオを新発売して5年後、１９６０年に香港のトランジスタラジオ工場を井深が視察した。香港ではかって我々が独占だと思ってやってきたトランジスタラジオを日本より安いコストでどんどん造り月産20万台以上欧米へ輸出し価格競争を仕掛けている。シンプルな製品の大量生産は日本よりはるかに香港の方が適している。開発したものはすぐに真似られて、香港から安価なものが出て来ることは甘受せざるを得ない。

難しいものは我々が引き受け、やさしいものは他に任せると言う覚悟で進む。日本は難しいものの生みの苦しみを通してでなければ伸びる道はない。

第16条　技術開発は一連のチェーン全体の協力なしには成果は望めない

基礎研究、研究開発など企業内の各職種はそれが単独に存在している限り、その力は非常に少ない。基礎研究から始まり、開発、設計、製造、マーケッティング、サービス、顧客まで含めた一連のチェーンというものを考える必要がある。

例えばアメリカで、トランジスタやイメージセンサやレーザーなどが発明されたとのタネについて、それが研究の段階にせよ顧客から出たものにせよ重要と考えられるものが発生したならば、そのタネを中心にチェーン全体が力を合わせて勉強し、開発し、育て、立派なものに完成するよう協力すべき。

各専門分野は毎日進歩し、より深く、狭く進んでいく。その専門分野が統合されてこそ、初めて大きな力が発揮できる。やるからには会社全体の力を合わせてそれに集中できる問題を選び出すことこそ会社の力を高めることになる。

第17条　日本企業の歩むべき道

第一は、人の真似をしない。

第二は、出すからには人々にピンとくる様な方法で出す。心のこもったモノ、その機能をカスタマーに提供するのが本質。デザイナーがデザインするときの考え方と、商品あるいはサービスがカスタマーに到達する動き、これらのつながりが非常に大切。ギャップがあるべきでない。

第三は、出来ると思われる範囲に新商品の企画が設定されると、新興国にすぐに追いつかれて製品寿命は短命となる。だから「今は出来るはずがない」ところに目標を置きその実現に情熱を持つしかない。

第四に、日本だけが良いものを作りドルをため込むだけでは日本の役割を果たせない。新製品や新サービスを提供することで諸外国の民度を高め新需要を喚起できれば、その国の経済力をつけることに協力できる。こうした大乗的な考えが必要なのだ。

第18条　常識をくつがえすことから始まるモノづくり

対立があればあるほど良いものが生まれる。優れた商品の後ろにはいつも優れた反対者がいる。反対されるモノこそ売れる。常識と非常識がぶつかるところにイノベーションは生まれる。

私はいつも非常識を大切にしてきた。モノ創りは常識を覆すところからはじまる。常識を飛び越える考えを持った人が必要だ。

新しい部品や素子が出来たときに、これを使って何とか新製品を出そうというやり方の逆の考えでやらなければいけない。顧客の生活者視点で何があれば喜ばれるかのマーケットからフィードバックされた情報を元に新製品を出す。

その新製品を出すためにどういう部品や素子のテクニックをアプライしていけばいいかということをやっていただきたい。

撮像素子のＣＣＤがまだ発明されていなかった１９６４（昭和39）年二月の木原君の結婚式のときに、私は次のようなスピーチをした古い録音記録が残っていた。

「木原君は会社にとって金の卵です。今やってくれている仕事はＶＴＲの開発です。すでに60台ほどアメリカへ輸出して活躍しています。今日この会場で皆様が８ミリフイルム撮影をしておられますが、我々の夢は、撮影したらフイルムの現像なしにすぐに撮った動画が見れる、どの家庭でも買える安価なカメラ内蔵ＶＴＲを木原君に開発してもらいたいです。この夢は出来るだけ早く果たしてもらいたいです」

後に木原がスピーチの録音を聴いて確かめたら、カメラ一体型８ミリＶＴＲを開発しろと命令されているのがわかり、ＣＣＤがまだ発明されていないときに、カメラ一体型８ミリＶＴＲの夢を語っていた先見性に驚いたという。

ＣＣＤ撮像素子の原理は木原の結婚式の５年後、１９６９年にベル研究所で発明されたが量産が難しく長らく棚上げされていた。

木原の結婚式の16年後の１９８０年７月、木原君の率いる開発部が世界初の十二万画素のＣＣＤを搭載したビデオムービーの試作機を公開デモし、世界に「ソニーはスゴイ」と大きなインパクトを与え、その後の世界初の家庭用ＣＣＤカメラ一体型ビデオでのソニーの独走につながった。

ソニーの小型ビデオカメラも夢が先で、後から技術が追い付いていくやり方で生まれた。人のやることを真似ることなく、どんな困難に直面しようとも茨の道を切り拓いて、人のやらない仕事でソニーの発展の基礎を築いて、ソニーのブランドを正々堂々と世界の隅々まで売り込んだ私たち（井深）の気迫がそれを生み出した。

第19条　命令ではなく目標を明示しチャレンジをうながすマネジメント

自立していない設計者や活性化されていないグループは、「上司の指示」を命令としてそれ以上考えようとしない。自立した設計者や活性化しているグループでは、適切な目標を与えれば活動意欲を駆り立てて果敢に行動する。

経営者はエンジニアたちに目標は与えるけれども、そのやり方は全て任す、それが経営陣の最も大切な仕事である。多額の研究費を与えて「何か発明したまえ」と言っても成果は望めないのだ。

第20条　失敗は成功の母

土井取締役が語ったトリニトロンが完成した時、当時の社長だった井深大が『ああ、やっぱりビジコンをやっていてよかったな……』としみじみとつぶやくのを偶然聞いた話。

ビジコンというのは、テレビカメラの心臓部である（ガラスチューブの）撮像管のことだ。その当時手探り状態で始めたのが、何年たっても、まともな（ガラスチューブの）撮像管はつくれなかった。

『「あれは、ビジコンではなくて、デテコン（出てこん）だ！」と、大っぴらに悪口を叩かれていた。よりによって、その大失敗をしたプロジェクトを、井深さんはしみじみと評価したのだ。その（ガラスチューブの）プロジェクトで人が育ち、技術やノウハウが蓄積され、それが（ガラスチューブ）のトリニトロンの成功につながった。

そのことに気づいてから、社内のプロジェクトを見る私の目は変わった』

（『運命の法則』天外伺朗２００４年飛鳥新社刊より）

第21条　感性を磨くことは経営トップに課せられた宿命

こんなモノがあったらいいなと夢を抱くことは誰にでも出来る。トップはその夢が本当に実現するか直感的に分る人であるべき。市場性の無いものはアイデアがいくら良くても止めねばならない。

ラジオの次に我々の持てる技術を活かしてできるものは何かという発想ではダメ。どんなものを創れば消費者に喜ばれ需要を喚起するかが大切。

未熟なＰｊのタネは全てがすばらしい未来を持っているように見える。時代と人間の欲求の変化にも洞察力を持っていれば技術変化から導かれる判断の筋の善し悪しが見分けられる。

新製品は人間が使って役に立たなければいけない。売れる技術、使う生活者の視点も併せ持って技術を見る。

研究テーマの早い時期に上司が決めて潰しにかかるのが一番愚かなこと。無線タグの研究がフェリカ（ＪＲのＩＣカード）に化け、いつまでたっても「出てコン」と揶揄されたビジコン撮像管の布石がトリニトロン管の成功に寄与したのだ。

未熟なトップは、理解できないような「可能性の限界を追求する戦略」を全て否定する。その結果挑戦的な計画は平凡な計画に変えられてしまう。

第22条　その場その場で最善と思うことをやり変化し対応していくこと

「アメリカで検証済み」の新しいやり方だからと飛びつかない。まず自分の頭で考え、自分が試し、そして「良い」と決まればどんな型破りな方法でも採用して既成の方法には眼を向けない。その場その場で最善と思うことに、どんどん対応していくことだ。

良いものは活かし、時代に乗れなくなったものはいさぎよく捨てていく。人がやるだろうということをやったのでは勝ち目はない。これから何を世の中の人が必要としているかを自分の頭で考えて、それに乗っかっていけばいい。

第23条　その寿命が終わるまで最良の効果を維持するものを提供せよ

物と心、あるいは人間と心は表裏一体であるというのが自然の姿だ。それを考慮に入れることが近代の科学のパラダイムを破る一番大きなキーだと思う。人間の心を満足させるということを考えていかないと21世紀には通用しなくなる。人類の生活や文化は科学技術によって支えられているのであり、人間の生活に役立つものこそ、本当の科学技術なのである。

商売をやるにも、技術の争いをするのも、血みどろになって戦うけれど、その陰には常に魂というものを、愛情というものを、忘れてはならない。客の手にわたり、その寿命が終わるまでの長時間、最良の効果を維持するものでなければなりません。決して売り切りと考えてはいけない。私が訴え続けていたこのことを、今の人は心にとどめてほしい。

第24条　21世紀は、製品やサービスに気配りを込めた日本独自の時代に

ＩＴ技術が支配するであろう21世紀に、日本が引き続き世界の人々に貢献し続けるためには、合理主義や物質中心の欧米に対して、日本古来の気配りという（茶道にも通ずる）日本の心を商品やサービスに一体化するパラダイムシフトを、日本が成し遂げることが21世紀の日本の繁栄と国際協調の「要《かなめ》」となる。

江戸時代から、日本の商品やサービスにはこれを利用する人間との相対的関係を重視して、これを補うような気配りというものが必ず行われてきた。このことを、デカルトの科学論を信じきっている外国人にいくら私が説明しても分かってもらえなかった。

気配りというのはハードに対するある種のソフトウエアである。製品に占めるハードとソフトウエアの付加価値比率は、近年ソフトウエアの方が高価なものとなって、この傾向はますます拡大している。

その意味から、合理主義や物質中心の欧米に対して、製品やサービスに気配りを込めるとい

うパラダイムシフトを世界にもたらすことが21世紀の日本の繁栄と国際協調の要となる。

第25条　本人が自発的に興味を示すように仕向けなければ教育は身に付かない

井深の盟友である本田宗一郎は、浜松の高等小学校を卒業した12歳のころ、資産家でもあった親は更に進学をさせようと思っていたが、根っから学業が大嫌いであった宗一郎は、自分の意思で東京の自動車の修理会社に働きたいとの手紙を書いた。すぐに親の付き添いがあれば入れてやるとの返事をもらった。そこで父親に付き添ってもらい東京のアート商会に丁稚奉公をした。

しかし、工場兼住宅で、半年間、雇い主の幼児の子守ばかりやらされながら兄弟子たちが作業している様子をみているばかりで、自動車には指一本触れさせてくれない日々が続いたという。

毎日がいやでたまらず、夜逃げをしようと2階の屋根から電柱を下りて通りに立った時、父親の怒る顔と母親の泣く顔が目に浮かんで、電柱を上って部屋に引き返した。

その後も子守ばかりやらされていたが半年後に、東京に大雪が降って自動車のアンダーカバーが外れる故障が多発、修理で人手が足りなくなったときがあった。

親方は本田の子守を免除して自動車の修理に参加させた。この時の感激は一生忘れることが出来なかったと井深に語ったことがあったという。

江戸時代の職人も、丁稚時代は掃除や洗濯などの下働きばかりやらさせられ、仕事を教えられないまま先輩たちの働く姿を垣間見るだけで放置させられる。この期間は本人に根性があるかどうか見ている期間で、根性の無いものをふるいにかける期間でもあるという。

ただ頭に詰め込むのではなくて、本人がせっぱつまってやりたいと思うような状況になったとき、初めて具体的な知識を身に付けさせた。本人がそういう気持ちにならなければ、身に付くことはできない。

これが効果的な教育というものの本質であり、入学試験や就職試験に受かるためだけに学ぶというのは間違っているというのが本田と井深の考え方なのだ。

今の日本で行われている教育は、教えるだけは教えるけれども、それがどのように自分や社会に役立っていくのか直接見聞し、具体的に提供されない欠陥がある為、学ぶことに情熱がわかない。

２０２５年の大転換期に働く人の心構え

第26条　自分の持ち味を生かしてこそ成長できる

井深は、理想の人間像などと言って人を型にはめたくないという。人間は誰でも、その人にしかない持ち味がある。その持ち味を十分生かしてこそ成長できる。

自分には何ができるのかという自分の特長、個性をはっきり認識することが大切。仕事と趣味が一致し、仕事をうんと好きになると働くことが苦にならない。これが幸福につながる人生でいちばん大切なことだ。

世間が認める自分の持ち味を持てば、会社がつぶれても自分はつぶれないで生き抜けるとの気概を持って働ける。

第27条　仕事は自らが勝ち取っていくもの

仕事は与えられるものではなく自分から勝ち取っていくもの。勝ち取っていかないと生きていけないのが企業である。上司に言われたことだけやればいいというのは伸びる人のやり方ではない。また自分の都合の良いことだけ自己主張するのとも違う。必要なのは参画意識である。人はそれぞれ自分を守り、家庭を守り、社会を守っていかねばならないが、そのための行動は対立より参画がよい。アウトサイダー的に仕事をするのと、参画の中で仕事をするのでは気概、できばえ、創造性が異なってくる。

どうか自分を大切に生かしながら会社に活力を与える原動力になって欲しい。

第28条　〈大企業〉という美酒にあぐらをかくな！

会社というものは、社屋こそ立派でもその実は大変不安定なもの。世の中の変化の速度と性格に、社内の皆が気をつかうカルチャーになっていないと攻めの姿勢は取れません。

この不安さを我々は開発精神・開拓精神で支え、冷たい風の吹きすさぶ中で他社よりも一歩でも二歩でも早く前進し、そして思い切った投資をしてきたのだ。食うか食われるか、生きるか死ぬかの競争の場に直面しているのだということを知ってほしい。

常日頃、仕事をやる以上は、汗と血がみなぎる仕事をやり、その結晶のにじみでた製品を世に送り出すことだ。常にダイナミックに動いている人達の手で支えられているのが企業だ。

一人ひとりが職場にあって企業の歴史に何を残せるか、自分で探し出して動けることが、会社の一番面白い、働き甲斐のあるところなのだ。また、そのことを十分認めることが企業トップの義務であらねばならない。

第29条　能力主義の本質

会社が出来ることは、その人たちに道しるべを与え、能力発揮を阻む障碍物があれば取り除き、能力に応じて適材を適所に配置して、成果を正しく公平に評価することに尽きる。

頭の良さではなくチャレンジして成長したい意欲のある人に開発を任せることだ。

能力発揮は一人ひとりが自らを啓発し、成長したいと言う強い意欲のあることが必要。自発的な意欲に支えられて始めて能力が現実に生きる。大切なのはその人自身の心のエンジンがどうなっているかだ。

平常から自分の能力を磨き、現実に生かせるチャンスを積極的につかんでいけば、人間の能力もその人の意欲しだいでいくらでも伸ばすことが出来る。

特に若い人には無限の可能性がある。何とかしてその持てる力をフルに引き出したいと言うのが私の痛切な願いだ。

第30条　古《いにしえ》の個々の人々たちが築き上げてきた豊かで便利な文化を、後世につなぐ生き方こそが人間としての至高の生き方である

誰もが、この世を通り過ぎていく存在ならば、世のため、何を学び、何を残していくかが問われる。もしあなたの毎日が惰性で生きているとしたら人間とは言えない。

人間である以上、年老いて、身体が不自由になっても、身の回りに降りかかってくる諸問題に対して、望ましい解決法を見つけて、これを実行して解決を目指すことを、生ある限り続けるのが、人間としての生き方だ。

「望む所を確信して、未だ見ぬ物を真実とする」との言葉の意味は、人類社会、所属団体、コミュニテイ、家族、自分自身が直面する課題に優先順位を付けて、解決後のあるべき姿を描き出して、出来る出来ないとは無関係に実現するために1歩でも2歩でも実践するということである。

まだ見ぬ物を実現するために動き出すことで、多くの知識が蓄えられ、肉体はやがて、死を

迎えるが、体に蓄えられた知識は、死後に人類という種に受継がれ、やがては真実となることを信じて、死を当然のごとく受け入れる生き方である。

これが井深大の生き方であり、人間の真の生き方であるとしている。

第3章

人間・井深大

―「心」「技」「体」を育くんだ恩人たち―

人が成人して最大のパフォーマンスを発揮するためには、子供のころから心《こころ》と技《わざ》と体《からだ》を鍛えてくれる恩人と、金銭的支援をしてくれる恩人がいて初めて成し遂げられる。

井深は2008に生まれ、2歳の時父を亡くしたが、母や祖父・基《もとい》や親戚の人たちが、父代わりとなって「心」「技」「体」を鍛えてくれた。また金銭的支援をしてくれる恩人がいて、32歳の時に大学時代の親友との共同経営で、官公庁や陸海軍から一目を置かれるメカトロ技術を標榜する日本測定器を経営、37歳の時に終戦を迎える前半生を過ごした。

井深は、戦後の知識偏重教育の弊害により、幼児期に母親から「心」を育んでもらえなかった学生が、1960年代後半の大学紛争で暴力をふるう様を見て、「人間の心をいかに育てるか」という課題をライフワークとした。1969年61歳の時に「幼児開発協議会協会」を設立して理事長に就任した。

自分の母親から受けた「心」の教育を思い出し、幼少期に母親が「心」の教育を子どもに授けることが、隣人を尊重し人に迷惑をかけない社会に役立つ良き人に育つと確信した。

本章では、井深大の「心」「技」「体」を育む支援をしてくれた恩人たちの幼少期から井深が世に出るまでの戦前にスポットを当てる。

幼少期に井深の「心」を育んでくれた母と祖父

母子二人だけの東京生活が技術者としての一生を方向付けた

１９１０年、井深2歳の時、祖父のもとで療養していた夫を亡くし祖父の家に一人息子と共に残された26歳の母「サワ」は、この先どのように暮らしていくべきか迷っていた。

祖父が愛知県西加茂郡長から碧海郡長に任命されたため、井深母子は碧海郡安城町（現在の安城市）の新築された碧海郡長の官舎に移り住んだ。

父を亡くして3年後の１９１３年（大正2）、母は、息子の将来を案じ、田舎で暮らすよりも、都会で小学校に進学させて教育を受けさせたほうがよいと考え、母校の日本女子大学のつてをたどって、日本女子大学付属の幼稚園の教師としての職を得た。

母は5歳になっていた井深を連れて、母子2人だけで東京目白の借家で暮らしはじめ、井深は母の勤める豊明幼稚園に入園した。

毎朝、母は、井深を連れて豊明幼稚園に出勤するが、帰りは幼稚園に残って翌日の準備の仕事やピアノの練習をしていた。

母が幼稚園に居残って帰宅するまでの間、近所に住む幼稚園の同級生らの家で母が幼稚園から帰るまでの時間を過ごした。遊んだ家の一つに早稲田大学電気工学科創設時の教授・山本忠興教授の長男の同級生山本道夫君の家があった。

山本忠興教授在宅時には時折教授に可愛がられていたという。後に早稲田高等学院に入学した時から井深にエレクトロニクスの「技」と「心」を鍛えてくれた教授との最初の出会いが5歳の時だった。


母は、井深を将来は亡き夫のような立派な技術者にしようと教育熱心で、幼稚園が休みの日には、上野の博物館に連れて行っては科学への興味をかきたてさせてくれた。

一番の思い出となったのは大正3年3月から7月にかけて上野で開催された東京大正博覧会だった。上野不忍池の上をまたぐ当時日本にはなかったロープウエイや、上下2つのエスカレータの試乗が一般に開放され、上野の山全域には、日本の有数の企業が出展して林業館、水産館、鉱山館などのパビリオンが設けられていた。そのうちの鉱山館では亡き父が勤務した古河鉱業の足尾銅山が紹介され、生産された銅や金、銀の工業製品の展示があった。

母は、そこで亡き父の仕事内容を井深に説明してくれた。井深は博覧会開催中、何度も母にねだって連れていってもらったことを覚えている。

また近所には、父の４年後輩で、東京高等工業電気化学科を卒業し日光電気精銅所で父とともにチャーター・メンバーの一人として働き、当時は古河鉱業の本社に勤めていた坂田真太郎の家があった。

母は休みの日に、井深を連れて懐かしい父の話を井深に聞かせるためしばしば坂田宅を訪れていた。坂田は海外出張から帰ってきた時、自身の子供のために英国製の教育玩具のメカノ（金属部品をボルトとナットで組み立てて乗り物やロボットの形を作る現在のロゴのようなおもちゃ）をお土産で買って帰り、自分の息子に与えたが、幼すぎて組立が出来ず放置していた。それを、訪れていた井深が見つけて、説明書を読み夢中になって乗り物や風車やケーブルカーを組み立てて遊んで、帰る時間になっても手放そうとしなかった。

この様子を坂田が見て井深にプレゼントしてくれた。井深は大喜びで持ち帰って、単純な部品群とカラー印刷されたパネルをボルトとナットを使って色々な乗り物や装置を作れる面白さに夢中になった。このメカノは井深が将来科学の方向を志す最初の大きな影響を受けた遊び道具であったと自身が後に述懐している。

東京生活の５歳からの２年間での母の導きが技術者としての自身の一生を決めたのは間違いないと井深は語っている。

井深がソニー経営者としての第一線を退いたのち、幼児教育に注力したのも、自身が幼児の時から、母が確固とした教育方針を以て接してもらっていた体験からともいえる。
井深が後に述懐した母の教育方針はつぎの3つだった。

①親が子供に期待するビジョンを持って色々な体験をさせ、その体験で子供が感激したものを継続させる

井深の場合は、母が若くして死んだ夫のように一流の技術者になってほしいとのビジョンをもって接してくれた。そのため勤め先の幼稚園が休みの日には上野の科学博物館や当時の東京府が上野公園を中心に開催した東京大正博覧会（万国博覧会のようなパビリオンを設け道府県や企業が最先端の物産を出展、期間中の参観者は延べ700万人を超えた）に連れて行き、エスカレータやロープウエイなどの最先端の乗り物や、鉱業館で亡き父が在職していた古河鉱業が出展していた銅の生産工程や銅の地金等を見させた。

父がどのような技術者であったかのイメージや、科学技術の進歩がいかに社会に役立っているかを植え付けてくれた。その博覧会に井深が感激したと見るや、期間中に何度も連れて行って好奇心を満足させてくれた。

余談だが、わが国のバイオリン幼児教育で有名な鈴木メソッドも、親が習わしたいと連れてくるが、すぐにはバイオリンを触らせない。

年長者たちがバイオリンを引いたりしている姿を見聞きさせる間に、彼らのように弾いてみたいとの心の変化がおこり、幼児が適応できると判断した上でバイオリンを実際手に取った学習を始める。天才バイオリンニストはそうした中から育つ。

②親の親しい人の家に子供同伴で行って、挨拶から始まる人と人との交流の在り方を親が身をもっておしえる

そうすると子供は一人でも、よその家を訪問して交流するノウハウが身に付く。子供のころの井深は、後に銭形平次の小説で流行作家となる野村胡堂一家や、大正時代の10大発明家の一人と言われるようになった早稲田大学電気工学科の山本忠興教授の家にあがり込んだ。生涯を通じて父親代わりの支援者となったこの二人との交流のきっかけをつくってくれたのも母であった。

③メカノのような知育をはぐくむ教育玩具を幼い時から与えて創造の楽しさを体で覚えさせる

後年、ソニー時代に、幼児に言葉を遊びながら覚えさせる教育玩具トーキングカードを全世界に向けて発売したのも、こうした体験が技術者の道に進んだきっかけとなったことにもとづいている。この東京暮らしの二年間、母を独り占めして暮らせた生活は井深にとって人生最大の至福の時であり、後にエレクトロニクス技術という人生の方向を決める大きな影響を与えてくれたという。

祖父から会津武士の自尊心と独立精神を学ぶ

１９１５年（大正４）の冬、苫小牧に住む母の父・古田財一が大病のため室蘭の病院に入院した。古田財一は一男一女をもうけていて兄は医師であったが、体が弱く北海道の冬には耐えきれず、温暖な静岡県の清水で開業していた。

当時の病院は完全介護ではなく、入院すると病室に家族が簡易ベッドで泊まり込んで世話をしなければならなかった。財一の妻は地主として苫小牧の留守宅を空けるわけにいかず、東京にいる寡婦となって身軽な娘のサワに頼むしかなかった。

井深の母は夫を亡くして4年、31歳となり、母子家庭としてこの先東京で暮らしていくのか、それとも再婚するか、将来の生き方を実家に帰って相談してみるいい機会だと感じていた。

母は豊明幼稚園を大正4年3月に退職すると同時に、井深を連れて北海道の実家に戻ることとなった。4か月ほどたったころ、母の付添の役目も終わり、井深母子は、再び愛知県安城の祖父の家に戻った。小学二年の井深は安城尋常小学校に１９１５年（大正４）の9月から転入し祖父の家から学校に通うようになった。

北海道の実家で、神戸に住む鎌田虎彦との再婚話をすすめられていた母は、安城に帰るとすぐに祖父と相談をした。

井深母子が安城に帰ってから一年を過ぎたある夜井深は祖父に呼ばれ、突然母が再婚することを告げられた。そして間もなく1917年（大正7）母は神戸市諏訪山の近く（現在の神戸市中央区山本通り4丁目）に住む山下汽船に勤める鎌田虎彦と再婚した。

小学校三年生だった井深は、母との別れは生まれて初めてのショッキングな出来事であった。一説によると再婚相手の鎌田虎彦には親戚から預かった養子が2人いて、息子を置いて来るよう求めたためといわれている。

母と暮らした東京での二年間で、博物館や科学館などに連れて行ってもらったり、教育玩具のメカノで物を組み立てる楽しさも味わい、理科少年となっていた井深に、祖父は父の甫《たすく》も子どものころから科学好きだったと教えてくれた。

最近の理科や科学の動向などをよく語ってくれ、東京の通信販売会社が販売する簡単な金属や木片を使って子供でも製作できるようなモーターの原理、構造をもつ組立玩具を買ってくれた。

ある時、井深が安城の時計屋のショウウインドウにベルの組み立てキットが並べてあるのを見つけ、祖父に頼んだところ、電池、電線を一揃いを、すぐに買ってくれた。

電線を伸ばして隣の子供の家にベルを置いて、線を伸ばせば伸ばすほどベルの音が小さくなる現象（電気抵抗の原理）を遊びで知った。母のいない祖父の家で、こうしたものを完成させる喜びは、将来、井深が新しいものをつくる道に歩ませる原動力となった。

小学三年から四年までの担任は理科の杉浦先生であった。先生に頼めば放課後でも理科実験準備室に入ることができた。そこは子供の興味をそそる色々な理科実験器具や、アルコール漬けの色々な標本がたくさんあって、放課後に友人などと入り浸ると、母と別れて暮らしていることを忘れるほど井深の心を安らかにしてくれた。

この体験は、井深51歳の時ソニー理科振興基金を設け、優れた工夫をして小学生の理科教育に著しい効果を上げた学校に、賞金を与える活動につながった。

井深が小学校から家に帰ると、母が井深のために残してくれていた徳富蘆花の大人向けの小説「思い出の記」を読みふけった。井深は小学生だった自分と主人公との同じ境遇に共感を覚え、繰り返し読んで発奮させられた思い出がある。内容は主人公が幼さない時、家業が破産し父が死に、貧困の中、母に家名の再興を託されて発奮。苦難を重ね東京帝国大学文科を卒業。キリスト教に触れ自由人的な生き方に目覚め在野の評論家として身をたてて家名の再興を果たすという物語だった。

明治前期、裸一貫から功成り名遂げる明るい気運の主人公を描いた小説で、徳富蘆花が1900年（明治33）3月から翌年3月まで『国民新聞』に連載したものを本にした。

祖父は毎日、懐中時計をもって駅に行き、列車の発車時間に合わせては帰ってくる。この祖父の習慣が強く井深の脳裏に焼き付いた。当時の懐中時計は、一日たてば数分の狂いが出るのは当たり前だった。電燈がようやく一般家庭に普及し始める明治時代には、また今のように時報を伝えるラジオ放送など無く、正確な時刻を知るには、駅で列車の発車時刻を見て合わせるしかなかった。

そうこうして、井深が安城で暮らして小学校五年になった時、祖父母も、だんだん体が弱って来たことを自覚し、特に祖母の方が病に伏すことが多くなって井深の世話も苦になっていた。祖父は万一のことを考えて、井深家の跡継ぎである井深を手元に置くよりは、進学にも有利な神戸の母のもとにやった方がいいという決断をした。

小学五年生の井深自身も、将来、父のように高等教育を受けるには、有名中学への進学が必要で、安城の田舎で勉強してもなかなか埒が明かないと思っていた。井深を神戸に行かせ、母のもとで暮らして、都会である神戸の有名中学に進学させようとの話は大賛成だった。

あとでわかった事だが、母の再婚先の神戸の山下汽船に勤める夫には、井深が社会に出るまでの学費一切は、祖父井深基が仕送りする約束をして、井深の姓を変えることなく送り出した。祖父の死後は、妹が嫁いだ函館の太刀川家が、実家の井深家の跡取りの学費を継続して支援してくれた。

井深が2歳の時に、父の療養生活に伴って祖父の元で暮らすようになってからの一時、母と東京と北海道で暮らした2年弱を除き、小学校五年生までの7年間。この間、祖父が亡き父に代わって井深に代々当主となる男子には漢字で一字の名前を付ける伝統があること、井深家が会津藩門閥九家に数えられる名門だったことを話して聞かせた。

また実弟の白虎隊士・虎之助が16歳で飯盛山で自刃したのは「死に至るといえども道を失わず節義を守る」会津武士の精神からだと教えた。

会津城下の戊辰戦争で曾祖父が戦死し、城門を守っていた当時19歳だった祖父も銃創により負傷したが若くして井深家の8代目当主となった。

明治3年に新政府の会津藩処分がなされ、2歳の幼い松下容大が藩主を継ぎ陸奥の国の斗南《となみ》藩に移封された。


21歳となっていた祖父は寡婦となった母そめ（45歳）、妻佐多（17歳）、弟興（16歳）妹久仁（14歳）を伴って、幼い藩主に従って東北最北端の酷寒の斗南藩に移住した。

しかし移住した翌年には、廃藩置県で斗南藩の禄を失い、家族を養うため函館に渡り巡査の職を得、その後、函館支庁の役人となった後、愛知県庁の役人となり県内各郡の郡長を務めた。

祖父はこのような壮絶な生きざまを伝え、小学生の井深に、どんな時でも自尊心と独立精神に富んだ気性を持った会津武士の血をひく10代目の井深家の跡継ぎとして自覚して生き抜くように教えた。井深は多感な時期を育ててくれた身内として祖父に感謝していると自伝『創造の旅』（１９８５年佼成出版社刊）に記している。

神戸時代の鍛錬が井深に頑健な「体」をもたらした

１９１９（大正８年）井深が小学校五年生の学期末のときから、神戸市中央区山本通り４丁目にある母の住む鎌田虎彦の家に寄留して、諏訪山尋常小学校に通うようになった。

母の再婚相手の鎌田虎彦は、かつて神戸の山下汽船が所有する国際航路を任務とする貨客船の船長であった。第一次世界大戦では日本は連合国側に付いた。大正３年８月23日にドイツに宣戦布告をして、中国青島のドイツの租界にある要塞やドイツ領の太平洋南洋の島々を占領していた。

ドイツは戦時、大西洋や地中海に潜水艦Ｕボートを徘徊させて敵国船を見つけ次第攻撃していた。国際航路に就航していた鎌田船長の貨客船は戦火の及んでいる欧州に駐在していた日本人家族や留学生などの乗客41名と貨物を乗せて大西洋から地中海に入りギリシャに向かっていた。

大正４年11月４日、地中海のスペイン領アルボラン島付近を航行していたところ、ドイツの潜水艇Ｕボートによる魚雷攻撃で沈没させられた。

船長だった鎌田虎彦は沈みゆく船から救命ボートを下して乗客と船員を全て退避せしめ、生存者たちは大正５年の初めに神戸に帰国した。

その後、独身の鎌田虎彦は陸に上がって山下汽船の海務課長の職務に付き、神戸市中央区山本通り4丁目に居を構え、身の回りの世話をしてくれる伴侶を探し、世話人の仲介で母と再婚することとなったのだ。

井深は諏訪山小学校を卒業し神戸一中へ見事合格した。義父も難関校の神戸一中に同居している井深が入学できたことを喜んでくれ、入学手続きの際には同伴して制服や靴などの学用品を整えてくれた。

井深は生まれてこの方、肉体的鍛錬などしたことがなかったが、商船学校を出て欧州航路の船長だった義父は、同居の条件として商船学校生徒のように、毎日朝飯まえに、往復すると一時間以上かかる市章山と隣の碇山までのマラソンを約束させられた。

この筋力を付ける肉体鍛錬と台風や大雨以外は決められたことに全力を尽くす精神鍛錬は、伸び盛りの小学六年から中学を卒業して神戸を離れるまでの7年間続けられた。このおかげで、当時の平均身長以上に身長が伸び、筋力も体重もついて、粘り強い精神力と頑健な体がつくられた。これは義父鎌田のおかげだと井深は感謝している。

アマチュア無線にはまってその「技」を習得

井深が神戸一中の一年生の時に、祖父井深基は連れ合いの祖母を亡くし、安城の家を整理して、井深と母が住む鎌田家のすぐ近くの山本通り４丁目にある屋敷を買って引っ越してきた。祖父は伴侶の祖母を亡くしたことにより、係累のいない安城で老後の一人暮らしをするよりは井深家の跡継ぎの井深が住む近所に臨終の居を構え資産を井深と母に引き継ごうとしたように思えた。井深の母は近所に引っ越してきた祖父の身の回りの世話をした。

井深が中学生となった当時、時間を合わせる公式なやり方は銚子の気象台からの無線で夜九時の時報を受信して合わせるものだった。中学二年の時、アマチュア無線で銚子灯台からの時報をキャッチすることが出来ると知った井深は、中学一年の時に近所に引っ越してきた祖父のために、銚子の灯台から夜九時の時報を告げる無線を受信して祖父の懐中時計の針に合わせてあげようとし、アマチュア無線機の自作に夢中となり無線趣味にのめりこんだ。

欧米ではアマチュア無線のことはKing Of Hobby（趣味の王様）と言われ、一度はまりこむと止められないものだった。井深の一貫して社会に役立つモノを創造する最初歩みは、中学時代の無線の趣味が原点であった。

母は東京暮らしの時から、井深の才能を伸ばすことにお金を使うのを躊躇しなかったので、神戸暮らしでも、母はアマチュア無線にお金を出してくれた。おかげで当時は高価であった真空管も、無線機のキットも買うことが出来た。これらを独学で組立てて屋外アンテナを設置して銚子からの夜9時の時報無線をキャッチした時は感激したという。

祖父の死が、函館太刀川家との交流を導く

祖父は、井深が中学三年の1924（大正13）年3月15日に74歳で亡くなった。祖父には井深の父甫《たすく》と姉の一男一女がいたが、二人とも夭折しているので、引き継ぐ井深家の当主は当時16歳となった井深だけだった。

井深家の墓所は祖父が函館に建立しており、遺骨を納めに行く役割は16歳の10代目当主の井深の役目となった。祖父の妹・久仁が嫁いだ函館の資産家太刀川家から久仁の二男の太刀川善治が、祖父の遺骨を胸に抱いた16歳の井深大の付添人として神戸から函館まで同行してくれることとなり、無事に祖父の納骨の役目を全うした。

函館で井深家の墓に納骨をした時に滞在した太刀川家は、海産物問屋を営むほか、公共事業

として函館市電の会社を経営し、その電力をまかなう発電所の函館水電も経営していた。井深は亡き父の従兄弟たちに案内され発電所や、市電車庫などを見学させてもらい科学的興味をかきたてられた。当時の海産物問屋を営んでいた太刀川家の店舗は今では函館の観光名所・太刀川家となっている。

その後、毎年夏になると、井深は函館の太刀川家に遊びに行って、父の従兄弟の長男で太刀川家の当主太刀川善吉に面倒を見てもらいながら、市電車庫でモーターのまき直しを見たり、自動車や電車をいじったり、水力発電所内を歩き回ったりして、自分の科学的興味を満足させていた。大学を卒業するまで太刀川家は井深に毎月50円の支援をしてくれていた。

井深は無線に熱中する余り中学三年を留年して、2年かかって中学四年になった時、同級生には、井深より2歳も若い、後に著名な俳優となった優等生の山村聡君がいた。

彼のお母さんが井深の母と懇意であり、母から彼が小学校も6年かかるのを5年で神戸一中に入学し、五年制の中学も今度は四年生で東大の登竜門である東京第一高等学校を飛び級受験をすると聞かされた。

母からこのことを聞いた井深は、もはやアマチュア無線に夢中になっている場合ではないと自覚し、このままでは、来年大学系属の高等学校に進学できずに、母に悲しい思いをさせると悟った。そこで井深の持っていた無線の機材全部を撤去して友人の谷川君にあげて、広くなった自室で受験勉強一筋の生活に変えた。

井深が目指す理系の高校は北海道大学の予科、早稲田大学第一高等学院、浦和高校、の三校であった。北海道大学予科へは親戚の太刀川家が北海道だったからだった。早稲田へは旧知の早稲田大学電気工学科の山本忠興教授が、当時10大発明家として新聞にも掲載される有名人となっており憧れからだった。

受験した時の東京の宿は旧知の野村家だった。3校受験した結果、国公立の2校は落ちて早稲田大学第一高等学院理科のみに合格して入学することとなった。

エレクトロニクス分野へ井深を導いた恩師

「技」と「心」の生涯の師と仰ぐ山本忠興教授との再会

1927年（昭和2）4月、早稲田大学第一高等学院理科に入学して初めて教室に入ると、黒板に、井深の無線のコールサイン3BBが書かれ、「科学部の部室に来るように」と書かれていた。

学年では二年生の島茂雄（後のＮＨＫ技研所長で新幹線を作った島秀雄国鉄技師長の弟）が科学部でクラブ活動をしており、入学試験の合格者の掲示板に無線で交信していたイブカの名前があったのを見つけて、直ちに科学部のクラブ活動に勧誘したのだった。入部して科学部の顧問が旧知の山本忠興教授だったのにも驚いた。

井深が高等学院時代に熱を入れたのは早大第一高等学院科学部の顧問の山本忠興教授から与えられる課題であった。

山本教授は日本学生陸上競技連合副会長をしていた関係で、陸上競技のアジア大会が神宮の競技場で開かれるときには、井深や島らの科学部に、スピーカーやアンプをふくめた拡声器システムを設計・試作させて神宮の競技場に取り付けさせた。またある時には山本忠興教授が長老を務める飯田橋にあった富士見町教会の鐘の音が、遠くまで聞こえるように、鐘の音を増幅してラッパスピーカーを通して遠くまで聞こえるラッパの手作りから回路システムまで、全て設計試作から取り付けまでやらせたりした。

これらの課題をやり遂げて、現場で電源を入れて動作確認した時には、井深も含めた科学部の若者たちの達成感はとてつもないものであったという。

早稲田高等学院三年生の時は山本教授が長老を務める飯田橋の富士見町教会で井深は洗礼を受けてクリスチャンになり、井深の「技」と「心」を鍛錬してくれた生涯の恩師となった人であった。井深は早稲田大学第一高等学院理科を卒業して、早稲田の看板教授となっていた山本忠興が理工学部長を務める、電気工学科に1930年4月に入学した。

電気工学科の就職先は、当時は重電分野で、発電所の発電機や電車のモーターなどの財閥系の大手重電機メーカーであった。井深が、そのころ軽視されていた弱電すなわちエレクトロニクス分野を生涯の仕事として選んだのも、科学部のクラブ活動を通して山本教授に導かれたものだった。

井深がソニーの社長時代には、「早稲田の山本ですが井深君いますか」との山本教授からの電話が会社にしばしばかかってくるので、秘書の新人が入るたびに「早稲田の山本という人は井深さんにとって一番大事な人なので『社長とどのようなご関係ですか?』などと失礼なことを言わないように」と秘書の間で重要事項として引き継がれてきた。

恩師・山本忠興教授について

山本忠興教授は1981年（明治14）高知県香美郡岩村生まれ。実母は忠興を生んだ直後に産褥で死去。父は東京に遊学していて後妻をもらっている。

高知で祖父母に育てられて高知県尋常中学校を首席で卒業、1899（明治32）年東京に出て第一高等学校二部に入学。1902（明治35）年東京帝国大学電気工学部に入学。

1905年卒業して芝浦製作者に入社。日本初の電車区間である、甲府－お茶の水間の甲武鉄道電化工事に従事。

1909年山本は単身でドイツのカールスルーエ市の工科大学のアルノルト教授のもとで一年半電気機械設計を学び、その後アルノルト教授の紹介でアメリカGE社内のスタインメッシュ博士の研究室で電気機械設計の応用研究を一年半続けた。

3年間のドイツとアメリカでの留学を終えて1912年（明治43）6月に帰国。

同年9月より新設の早稲田大学理工学部電気工学科の授業を受け持った。翌年電気工学科主任となり以後23年間務める。1935年（昭和10年）理工学部長に就任し、1944年（昭和19）早稲田をやめるまで在任した。

山本忠興は電動機内の高周波の応用は最も得意で、大正後期には誘導同期電動機の数々の特許、昭和初期にはテレビジョン関係の特許、特許を通算すると日本での特許43件、外国での特許21件を持った。

特に1926年（大正15）OYK同期電動機開発の功績により帝国発明協会から恩賜記念賞を授与された。

1930年（昭和5）、第一回日本の10大発明家の一人として選ばれて、恩賜の賜餐《しさん》（天皇が功績あった人を皇居に招いてごちそうすること）の栄に浴して、マスコミに大々的に報道された。この時井深は神戸一中の四年生で、この記事を読んで感動して早稲田高等学院を志望校としたのであった。

恩師故人が井深の録音機で直接挨拶する世界初の葬儀

山本教授は1951年（昭和26）4月21日に70歳で亡くなった。この直前に、見舞いに訪れた当時、東京通信工業㈱（略称：東通工）の社長であった井深に、山本教授の奥さんから東通工が発売したばかりの世界初の民生用小型録音機を使って子供たちへの夫の遺言を吹き込んでほしいとの要望を受けた。井深が、病床に発売したばかりの録音機を持ち込んで録音したのは「葬式の時に僕が説教してよければこんなことでも言ってみたい」と恩師が語った言葉だった。録音した次の日に山本教授自身は死に臨んで次のように祈ったという。

「神よ、恩寵のうちに長き歳月、この世の生活を営み、今まさに信仰の旅路を終わらんとしております。広大なるあなたの恩寵を厚く感謝し奉る。アーメン」

この祈りの6日後の4月21日午前7時21分、家族と牧師と医師に見守られて静かに息を引き取った。享年70歳。ガンで死ぬということは、死の直前まで、精神がしっかりとした中で、この世を去れるということを井深は知ったという。

井深は恩師の録音の言葉の中で「葬式の時に僕が説教してよければこんなことでも言ってみたい」と恩師が語った言葉通りに、同年4月24日1時より飯田橋の富士見町教会で執行された。恩師の葬儀の式次第の中で、故人の録音した言葉が愛弟子の井深によって会堂に流され、葬儀の場で、故人からの会葬者への感謝の言葉を肉声で聞けたという感動を参会者たちに与えた。

参列者への配布資料には、故人の言葉の最後に「以上は去る4月14日故人の病床において愛弟子、東京通信工業社長、井深大氏が同氏の発明になるテープレコーダ録音装置によって心を込めて録音してくださった故人の遺言です」と書かれていた。

故人をしのんで刊行された「山本忠興伝」の裏表紙には科学者であった山本忠興の生涯を語るにふさわしい文語体聖書の一説が記されている。

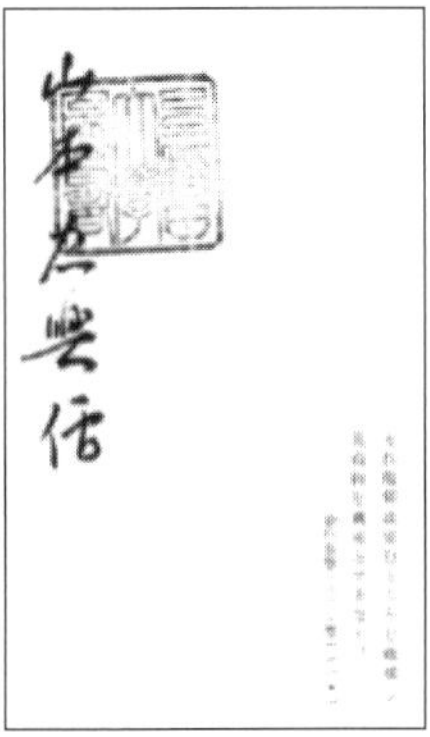

↑信仰とは望むところを確信し、まだ見ぬものを真実とする。ヘブル書11章1節

流行作家・野村胡堂が井深を支援

野村家は東京に身寄りのいない井深の安息の場

1927年（昭和2）の初め、井深は早稲田大学付属第一高等学院の入学試験を受けるため、母に見送られ三宮から汽車で上京した。

東京での宿は、目白から雑司ヶ谷に移っていた野村家だった。野村家では井深を家族の一員として歓迎してくれた。試験の前日の夕刻、井深が家族とトランプ遊びをしていところ、野村胡堂が勤め先から帰ってこれを見て「明日は入学試験なのに何をやっているのか！」と叱った。

父を早くして亡くし、東京に身寄りのいない井深にとって、自分を息子のように親身になってくれる野村家は安息できるより所だった。東京での高校、大学、就職してからも野村胡堂の私宅にしばしば立ち寄った。野村胡堂と井深の関係は親子のようであったという。

大学時代には井深は専門の電気知識を生かしクラシックレコード蒐集家であった胡堂に電蓄やラジオを作ってあげたりして喜ばれた。

東京通信工業を経営していた時にも井深は新製品を発売するたびに野村家に届けていた。１９５５年（昭和30）日本初のトランジスタラジオを発売した時も、発売前に井深自身が野村家に届け、これを見た夫妻はラジオがこんなに小さくなったのに驚き喜んでくれたという。

野村ハナの一生を書いた藤倉四朗『カタクリの群れの咲く頃』（青蛙房１９９０年刊）、および夫の野村胡堂の一生を書いた藤倉四朗『銭形平次の心』（１９９５年文芸春秋刊）の両書には井深が5歳ごろから、ソニーの社長となったころまでの野村家との交流が次のように書かれている。

―「ハナが日本女子大付属高等女学校で教えているとき、同じく日本女子大付属幼稚園で先生をしている女性がいた。大《まさる》という、就学前の男児を育てていた。ハナもかわいい盛りの長女の淳がいて、悩みはずっとそばにいてやれないことだった。井深サワも同じ悩みをかかえていた。この時のハナの借家は豊島区高田常川町であった。

ハナは１９１６年（大正5年）3月19日に3番目になる次女瓊子を出産している。そのとき井深サワに野村家の家事を手伝ってもらっている。大は長女淳より2歳2か月年上で、野村家では「大さん、大さん」とお兄さんのように扱われた。この大が後にソニーの創業者となる」

―

井深の結婚を世話した野村胡堂

1男3女の野村胡堂一家

井深が大学を卒業してトーキー技術の研究者として小田急線の成城学園駅近くにある写真化学研究所(以後、略称PCLとする)に入社し、近くにある技師長の増谷邸に下宿した時には、野村胡堂の家族は成城学園駅から南に2kmいったところの世田谷区宇奈根に転居していた。ここへも井深はしばしば訪れていた。

21歳で早逝した野村家の長男一彦は生前、中学の同級生だった近所に住む前田陽一と松田智雄と親友で、何かというと3人集まって勉強しており、子供たちの兄弟姉妹も一緒に加わり、前田家、松田家、野村家の一家ぐるみの交際をするようになっていた。

新渡戸稲造が東京大学に係属する第一高等学校校長の時、学生のバンカラ否定を説いたため右翼思想の学生から排訴運動をおこされたことがあった。このとき援護に回って校長排訴を撤回させたクリスチャンの学生・前田多門の勇気を、在学していた野村胡堂が目の当たりにして、前田に畏敬の念を持ち感動したのであった。

以来、前田多門に敬意を持ち続けていたところ、息子を介して、第一高等学校同窓ということで前田家と家族ぐるみで親しく交際しはじめた。野村夫妻は４人の子供たちの３人までを肺結核で若くして亡くしている。長女淳は16歳で、長男一彦は21歳で、次女瓊子は松田家に嫁いですぐに22歳２か月で病死。ただ一人残った三女稔子は、亡き姉瓊子の後妻として松田家に嫁いで２人の孫を産んでいる。

野村胡堂夫妻は、社会人になってＰＣＬに勤めだした井深に、親しくしていた前田多門の次女の見合写真をもって来てくれた。

井深は野村氏に連れられて前田家に見合いにいった。「結婚は本人より、むしろ父親の前田にほれ込んでしたものといっていいかも知れない」と自伝で語っている。

こうして井深は野村胡堂の媒酌で１９３６年（昭和11）結婚して翌年長女が生まれ、その後１男１女に恵まれ、３人の子持ちとなった。

野村胡堂の妻ハナの自伝『カタクリの群れの咲く頃』に記されている文には、『東京通信工業を創設したばかりの井深大と盛田昭夫は、１９４６年（昭和21）12月に資金繰りがつかずお金の工面に野村家を訪れた。道々、借金の言葉を考えてきたのだが、応接間に通されると、穏やかな雰囲気の中で、なにも言い出せない。これに気付いた妻ハナは、井深を廊下に招いて「お金がいるんでしょう?」と聞いたところ、井深は「はい」と答えた。ハナは「それなら率直におじさんにおっしゃい」と励ました。

応接間に戻った井深は五万円欲しかったのだが、口では「三万円」と言ってしまった。盛田があわてて「四万円」と訂正。胡堂はすぐ用立てた。最敬礼して外に出たのだが、どうしてもあと一万円は欲しいので、勇気を出してもう一度ベルを押して、あと一万円を出してもらった。帰った後、胡堂は「背骨の折れるような思いをして、一生懸命働いている姿はいいなあ〜」と、夫妻で語り合ったことが記されている。

野村胡堂晩年に苦学生を支援する野村学芸財団を立ち上げる

1958年(昭和33)3月、作家生活30年目、野村胡堂75歳、ハナ69歳の時、ハナは夫が5年前には右目の白内障の手術を受け、3年前には左目を手術し、分厚い眼鏡と虫眼鏡は欠かせなくなっていたにもかかわらず、小説の原稿を書き続けることに不安を覚えていた。いつものように夫の原稿を清書したとき、書かれた内容が、面白さを失っていることに気が付いたという。

ハナは著名作家が老醜をさらようになってから社会から見捨てられる様を見てきている。ハナは夫に「もう止めにしましょう」と進言した。ハナの夫に言う進言は、これまで間違ったことが無いことを胡堂は知っており「はあちゃん。筆を折ろう」と答えたという。はあちゃんはハナを胡堂が呼ぶ時の愛称であった。

野村胡堂は東京大学文学部在学中に、実家が破産して授業料が払えなくなって中退したころの苦しみを忘れなかった。

苦学生に授業料に使ってもらい、返済はいらないという苦学生支援を目的とする野村学芸財団を１９６３年（昭和38）２月に立ち上げた。持っていたソニーの株式が当時のお金で一億円以上もあり、これを貧しい若者の大学進学を返済条件なしで支援する野村学芸財団につぎ込んで世間を驚かせた。

井深もこの財団の理事の一人として参加して資金を寄付させてもらっている。

野村胡堂は肺炎により80歳で死去。１９７２年（昭和47）野村学芸財団10周年記念号に井深は次の言葉を寄せた。

「野村さんは暖かい善意の、人情のかたまりのような人で、しかも、東西にわたる該博な知識の持ち主であった。バッハとロダンと北斎と捕物帳と推理小説が混然一体となった人とでも表現したらよいかもしれない。

私は戦後ソニーの前身である東通工をはじめた。会社の株を買ってくださいともっていける先は、盛田家以外は野村さんの所だけだった。何時も野村さんは、恐る恐る申し出た願いを快く引き受けて下さった。これには、奥様の力強い助言があったように思われる。野村さんはよそから頼まれて持つ株は、すべて、その人に、寄贈するつもりで、お金を出しておられたとのことである。テープレコーダが出来、トランジスタラジオが成功し、ソニーの名が世の中に出ていくのを、ご夫妻は自分のことのように喜んで下さった」

井深を経営者に育てあげた植村泰二

大学在学中の特許取得が縁でトーキー技術開発研究者として就職

井深は大学の卒業研究で電気工学科の堤秀夫教授の指導のもと、通過する光の振幅や周波数を変化させる変調装置ケルセルを使って実験をした。早稲田の高圧実験室のあった建物の屋上で、しゃべる音声を光に変調させて、2・1km離れた新宿区矢来町にある新潮社の屋上にセットした受話装置で受けて、音声に戻す光通信実験を成功させた。起点側で喋る人が誰であるかが聞き分けられるほど精度が出る通信であった。

この実験の成功を『変調器としてのケルセルに就いて（附　光電話）』としてまとめ、共同研究者萩野と井深の連名の卒業論文を提出した。卒業した年の４月初めに九州大学で開催された電気学会でこの実験の研究発表を発表した。今でも井深の卒業研究は大学に保管されている。

この研究でケルセルに使う数千ボルトの高電圧のインジケーターとして使っていたネオン管が、高周波の周波数を変えるとネオンの光が伸び縮みする現象を発見し、これを「走るネオン」と名付けて在学中に特許を取得した。

この時の審査官は、かねてからの知り合いで、アメリカの特許を回避するトーキー技術を開発しているＰＣＬの植村泰二所長より、声を光に変換してフイルムに焼き付けるトーキー技術の研究者を紹介してくれと頼まれていた。

審査官は井深の光電話の卒業研究を高く評価しており、井深にトーキー技術開発の研究者としてＰＣＬに就職しないかと勧め、井深を同伴して東京の成城学園駅近くの砧にあるＰＣＬを訪れ、所長の植村泰二所長に引き合わせてくれた。

この時の面接で植村所長から「責任を持たせて貴君の考える研究をさせるから、是非とも入社して欲しい」と要請され、初任月給は60円ということで、入社を決めた。

井深は面接での植村泰二所長の人柄にひかれてＰＣＬ入社を決めたのだが、井深が入社後に受け取った初月給は50円しか入っていなかったので、約束が違うと植村所長に直談判して、翌月からは約束通りの金額となり安心した。

井深はトーキー技術開発の責任者である増谷麟技師長のトーキー部に配属された。当時独身であったので、住まいは増谷麟技師長の好意で成城学園駅近くの増谷邸に下宿させてもらうこととなった。成城学園駅近くには井深の支援者である流行作家野村胡堂や、胡堂の親友で、後に義父となる前田多門が住んでいた。

井深はPCLに入社した直後に映画フイルムの現像の仕事を実習としてやった。映画フイルムは35mm規格で、現像すると、未現像の生のフイルムの切れ端が生じて廃棄される。ドイツ製のライカカメラのフイルムは、映画フイルムの35mm規格を使っていることを知ってからというものライカカメラを欲しくてたまらなくなった。

入社8か月後の年末ボーナスで中古で280円したライカカメラを手に入れ、未現像の生フイルムをもらって休みの日にはあっちこっちでかけては写真を撮りまくった。

入社8か月後の12月には、井深は即戦力となるトーキー録音技術研究者としての実力が認められ月給が90円に昇給されるとともに、技師長が主催する毎週開かれる技術会議の出席メンバーとして認められた。

出席者はPCLの技術者だけでなく、業界の一流技術者である横河電気技師長・多田潔、日本無線の門岡達雄技師も参加する専門会議であった。井深が技術者としての識見を高めるばかりでなく、一流の技術者魂とはどんなもの教えられることも多く、後に大いに役立つ経験を積むことが出来た。

植村所長やPCLスタジオに出入りするPCL交響楽団指揮者の紙恭輔や歌手の藤山一郎などがマイカー出勤をし、レジャーをドライブで楽しむライフスタイルを目の当たりにして、羨ましくなった。

入社3年目には月給は入社直後の3倍150円を貰える独り身だったので、自動車免許を取って550円もする中古のダットサンを買って当時としては珍しかったオーナードライバーとなった。休みの日には乗り回していたという。

PCLは小所帯なので、録音スタジオでの映画フイルムの録音をトーキ技術部員も手伝うことになっていた。昭和36年5月号の別冊キネマ旬報には昭和10年前後のPCL小林勝監督の短編文化映画製作の際に、録音技師としてフイルムの最後の映画製作スタッフ名の中に井深の名前が書き込まれていた。

ＰＣＬ方式の16ｍｍトーキー映写機を開発

トーキー部では既にスタンダードの35ｍｍトーキー映写機や現像設備の開発は終わっていたが、世界の趨勢は小型化に進んでおり、ＲＣＡが地方に巡回しながら映画を上映することが可能となる16ｍｍトーキー映写機を開発がしたばかりの時であった。

井深の役割は、先輩の邦文タイプライターの発明者であるメカ技術者の杉本京太と協同して電気系を任され、米国特許を回避する日本製の小型16ｍｍトーキー映写機の開発と、既存35ｍｍフイルムを16ｍｍフイルムに焼き付けて同じ品質の音声を確保する現像装置の開発であった。

井深は入社二年後に早くも16ｍｍトーキー映写機を完成させたとの顔写真を付きの記事が1935年（昭和10）４月１日付け東京朝日新聞に次のように掲載された。

東京朝日新聞　記事要約

「35ミリのスタンダードフイルムから16ミリフイルム化による小型化が世界の趨勢であると目を付けた写真科学研究所ではこの程、立派な16ミリ・トーキートーキー映写機とそのフイルム焼き付け器の設計製作に成功した。このトーキー製作を受け持ったのは邦文タイプライターの発明者として有名な杉本京太氏と新進の工学士井深大君だ。顔写真の上は杉本氏下は井深氏」

井深がＰＣＬに入社した理由のひとつに、植村所長から、「君の好きなことをやらせてあげる。社会の貢献することだったら何でもやっていいというのが社是だ」との一言だった。そこで井深は学生時代取得した特許に基づく「走るネオン」の見本品をＰＣＬの作業台で製作して、１９３７年（昭和12）５月25日から始まったパリ万国博覧会に「走るネオン」の展示品を出品した。

その後、現地の品評で優秀発明品として金賞になったという電報が井深のもとに届いた。これを聞いた植村所長は井深の手を取ってともに喜んでくれた。

１９３７年（昭和12）６月19日付東京朝日新聞に「ＰＣＬの井深が出品した『走るネオン』が驚異の的のひとつとなっている」と報じられた。

経営者としての「技」を育ててくれた東宝映画初代社長植村泰二

終戦直後に電光石火の速さでソニーの前身の東京通信研究所を創業し、戦後の高度成長時代のウエーブ・フロントに立って世界ブランドのソニーを作り上げた井深の経営者として資質と人間性、及び開発プロジェクトリーダーとしての能力は、次に記すように戦前に植村泰二を長として仰ぐ3つの会社を経たことによって磨かれたのだった。

ＰＣＬ在籍（昭和8年4月〜昭和11年末）

井深が大学を卒業して社会人の第一歩を踏み出したＰＣＬの会社方針は、当たるかどうか不確実な映画製作には絶対に手を出さないで、アメリカの特許を回避する優れたトーキー技術を追求する技術中心の会社に専念し、映画製作会社の下請けに徹するというものであった。

１９３３年（昭和８）ＰＣＬ方式のトーキーを用いると契約していた大口の顧客の日活が、突然契約破棄して、ウエッチング社のトーキー技術を採用したため、日活の需要を当て込んで投資したばかりの二棟の東洋一を誇るトーキー録音スタジオの投資回収が出来なくなる経営危機に直面した。

やむなく植村泰二所長は水商売的な劇場向け映画製作はしないとの方針を撤回してＰＣＬの映画製作部門を、ＰＣＬ映画製作所として独立させ、当たり外れのリスクのある劇映画を自主製作することで、東洋一を誇るトーキー録音スタジオの稼働率を上げることを決定した。

１９３３年のＰＣＬ映画製作所が東宝映画株式会社（初代社長・植村泰二）の歴史の始まりと東宝社史には記載されている。

だが井深が１９３５年（昭和10）に16ｍｍトーキー映写機を開発した頃には、ＰＣＬの敷地内では有名俳優や歌手が出入りし、静かな環境で研究に専念したいという井深にとって、最悪な研究環境となった。また時々やらねばならない映画の録音技師の勤めについて映画そのものに愛着を感じなかったこともある。

井深はアメリカのトーキ関係の特許を研究し、それを回避するやり方は増谷技師長から学んでおり、昭和10年には彼自身も弁理士の資格を取得し、特許について自身で登録できる専門的知識を身に着けていた。

日本光音工業在籍（昭和11年末〜昭和15年秋）

植村泰二所長は、当時、満州国が発足したばかりで、陸軍や、満州鉄道会社から、持ち運んで使える宣撫工作用の16ｍｍトーキー映写機の特需があり、これに対応するために16ｍｍトーキー映写機を量産するため、金属加工の下請け工場群のある五反田に、１９３５年（昭和10）末に植村泰二を社長とする日本光音工業（株）工場を設立していた。

植村社長にとって、井深自身が開発した16ｍｍトーキー映写機の量産を社是とする日本光音工業に井深を移籍するのは当然のなりゆきだった。

１９３６年（昭和11）井深が直談判して、派手な俳優や歌手がいない静かな環境で研究開発をしたいと植村泰二に申し入れたのは、植村社長にとっては大歓迎だった違いない。同年末には五反田にあった日本光音工業に移籍させてくれた。

この時、植村泰二社長は「井深には、色々なものを発明する実力はあるのであるから、その能力を生かして、研究開発を行ってほしい。日本光音工業のなかに植村研究所という組織を作り、責任者として何でも自由にやるように」と言って、勤務時間や予算に縛られない重役待遇にしてくれた。

日本光音工業では上司は非常勤の植村泰二社長だけ。普通のサラリーマンと違って、日中、色々な所に出入りでき、頼まれた専門学校の講師も引き受けられるようになった。

植村研究所として井深が必要とする人材は、井深自身が外部からスカウトしていいということとなった。井深の大学時代から始終通ってアメリカ製の部品を調達していた七欧無線電機商会でラジオ職人をしていた5歳年下の樋口晃がいた。井深は彼の仕事ぶりを見ていて、日本光音工業にスカウトした。

彼には井深が開発した試作品を、製品として低コストで製造する仕事を任した。戦後のソニーでは製造部長や工場長を歴任して副社長まで務めあげている。

また役員待遇で時間に縛られることなく好き勝手にやった仕事の一つが東京・尾山台にあった専門学校の高等無線技術学校講師の仕事である。ここでは教え子の一人・安田順一をスカウトしてきた。彼は後に、高性能な真空管電圧測定器を設計して、戦中の日本測定器（株）や終戦直後に日本橋の白木屋で開業した東京通信研究所の収益の柱となる製品を生み出す貢献をし、後にソニー技術部次長を務めた人材である。

島沢晴男は神田末広町のオートバイ屋で手先の器用な働き者であった。ＰＣＬに入社した井深が、趣味としてダットサンの中古を買って乗り回して、修理や部品を求めてしばしば島沢のいるオートバイ屋に出入りしていて知り合った。

井深が日本光音工業に移ったとき、16ｍｍトーキー映写機の修理等を任せられるメカに強い人材として井深自身がスカウトした人材であった。


井深の心の支えであった母サワは、井深が日本高音工業に在籍していた１９３７年（昭和12）に神戸で亡くなった。享年53歳。井深が野村胡堂の媒酌で１９３６（昭和11）年、前田多門の次女と結婚した翌年であった。井深が母の急を知らせる電話を受けて、品川から夜行汽車に飛び乗って神戸に駆け付けた時には、残念にも息を引き取った後だったという。今は、東京・多磨霊園（の井深家の墓所）に母は眠っていると自伝に書かれている。


日本光音工業の16ｍｍトーキー映写機のお得意さんは満州映画や満州鉄道や関東軍だった。主に宣撫用にトラックに載せて満州の各地で開催する映写会に使っていた。満州の日本光音の代理店に派遣するサービスマンとして島沢に白羽の矢が立って赴任した。

しかし中国軍との戦争がはげしくなり赴任先の満州で関東軍に現地招集されて意図せずに兵

隊とされてしまった。これが元で島沢はシベリア収容所に送られるという悲惨な目に合ってしまった。兵隊となって二年足らずで終戦を迎え、ソ連軍の捕虜としてシベリア収容所に送られ強制労働を強いられた。終戦4年目の1949年（昭和24）初めにやっと日本に戻れた。

家族のもとに戻って痛めた体を回復させているときに井深らの東通工の活躍を知って、旧知の樋口取締役に復職を依頼しに訪れた。島沢を知らない当時の盛田常務はシベリアで共産党シンパになった疑いをかけ復職には反対した。

しかし井深の口添えもあって1949年（昭和24）12月に月給7000円で採用され、先に入社してテープ開発室責任者となっていた旧海軍の技術士官で機械設備設計の専門家の戸沢奎三郎（後にソニー専務）と磁気テープ生産設備開発に従事することとなった。

井深が日本光音工業時代に高等無線技術学校非常勤講師となったのは、東北大学工学部の永井健三氏が、新聞で見た「走るネオン」でパリ万博の金賞を取り、16mmトーキー映写機の開発でも新聞に載った井深のいる日本光音工業を直接訪れて、永井の親戚が経営する高等無線専門学校の非常勤講師になってほしいと頼みに来たからだった。

頼みに来た1938（昭和13）年当時、永井は既に磁性粉を塗ったピアノ線に録音する時に、同時に音声高周波を入れることで雑音を除去できる交流バイアス録音法の特許を、永井の弟子が就職していて試作品で協力している安立電気との共同研究成果として特許登録していた。

同じトーキー録音技術研究者としてこの録音法に興味を持っていた井深と意気投合して、講師を快よく引き受けたのだった。

その後、井深が北海道や東北に出張するたびに仙台にある東北大学の永井研究室によって最新の磁気録音技術の技術動向を語り合う仲になった。交流バイアス法の特許はアメリカではカールソンが１９４１（昭和16）年に、ドイツではブラウンミュールが１９４０（昭和15）年に取得しているが、これらより2年永井の特許登録の方が早かったことも永井から聞かされていた。

戦後に井深が永井の特許を使ってテープレコーダを開発した時も、永井が全面的に協力してくれた。井深がソニーをリタイヤ後に、マスコミから生涯最も影響を受けた人は誰ですかと尋ねられた時に、恩師の山本教授と交流バイアス特許の永井教授の名前を挙げている。

日本光音工業では、メインの製品である16ｍｍトーキーに使用する真空管や、修理に必要なテスターやオシロスコープ等の無線関連機器や測定器の開発設計製造を始めた。

開発テーマのネタはアメリカで発行されている無線関係の月刊雑誌を参考にした。新製品に使うメカ系部品は五反田や蒲田の金属加工下請けの協力を得て作り、電気部品は当時アメリカ製部品を商社・八欧無線電機商会で調達して、真空管やブラウン管から、電圧計や電流計やオシロスコープなどを製造販売した。特に日本光音工業製の真空管電圧計やオシロスコープは輸入品に負けない性能で、しかも廉価なのでヒット商品となった。

当時は日中戦争がはじまり軍関係の需要が高まるなか、無線関連機器やオシロスコープ等の測定器のビジネスが拡大して、数年で本業の16ｍｍトーキー映写機の売り上げを凌駕するほどのビジネスになった。

〈日本光音工業の16ｍｍ映写機とオシロスコープの満州画報掲載の宣伝広告〉

当時、満州には日本人が経営する満州鉄道や満州電信電話会社や有名女優・李香蘭が専属する満州映画会社、それに関東軍などが、16ｍｍトーキー映写機やオシロスコープや測定器などの日本光音工業の得意先であった。満州画報には日本光音製品の宣伝広告が印刷されていた。

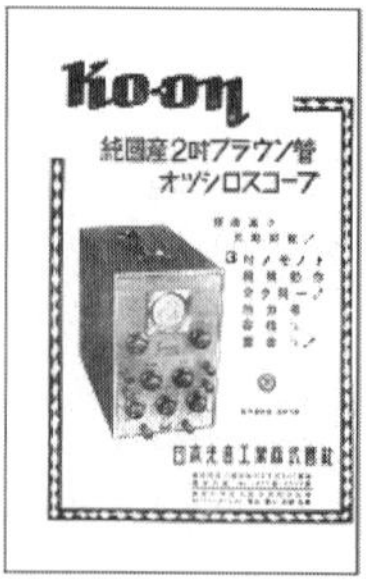

井深は、これらの得意先を回って、更なる注文を取るため、1939年（昭和14）初夏に満州に単身で海外出張の旅に出た。満州では日本光音工業の代理店に赴任していたサービスマンの島沢とともに営業活動をして多くの注文が取れた。

帰路に直接に日本に帰らず、北京に立ち寄って帰ることにしたのが裏目に出た。なんと北京で屋台などで食したものに赤痢菌が付いていて赤痢にかかってしまい、市当局によって北京の隔離病棟に単身40日間強制入院させられる災難にあったのだ。

不幸中の幸いは、ＮＨＫに技術者として入社していた早稲田の電気科で同級生だった村瀬が、北京放送局の支援のために北京に長期滞在していて、入院した井深の面倒を見てくれたのであった。退院して東京に戻れた時はもう初秋となっていた。

日本測定器在籍（昭和15年秋〜昭和20年8月終戦日）

植村泰二の父は、明治の銀行家、渋沢栄一の腹心で、渋沢の関連会社の社長を歴任しており、植村泰二の経営感覚は渋沢系列の実業家の血を引いている。

だから日本光音工業で無線関連ビジネスの将来性を見込んで井深に任せた結果、これが発展して無線部、真空管部、ブラウン管部となってこれらの収益が、本業の16ｍｍトーキー映写機の収益をはるかに上回るようになった。

時あたかも日米開戦が始まろうとする時、産業界は民生品から軍需品を優先的にシフトさせていた時代であった。井深の起こした電子部品や測定器やオシロスコープは軍需品製造工場にとって必需品でもあり急成長が見込まれ、これを独立させた方が、更なる発展につながると判断したのであった。

井深としては日本光音工業では、日中戦争がはじまるなど戦争色が濃くなるとともに、軍関係の仕事が多く忙しくなり、井深の研究心を満足させることができない状態になっていった。

この窮屈感を脱するために、新たなメカトロ技術を標榜する会社の創立を植村泰二社長に提案した。井深の提案は、植村泰二にとっては渡りに船の提案で、井深の傘下の社員や設備を、丸ごと新会社に移し、自らも資金を出して社長となる構想をもって日本測定器（株）を五反田の地で起業しようと決断したのであった。

一方、井深は大学時代にキリスト教関係の学生寮友愛学舎で一つ屋根のもとで暮らしたことのある親友、小林恵吾が、横河電機でゼロ戦などに搭載する航空計器の設計開発をやっており、無線関連機器の関係先で何度も会ってお互いの仕事の将来について意見を交換していた。

当時、電気系技術の会社は電気系のみで製品を設計し、機械系技術の会社は機械系のみで製品を設計しようとしている業界の動向を打ち破る新会社を創業して仕事をしたいという気持ちは一致していた。

電気回路部分と機械系の部分を融合させるメカトロニクスの概念は戦後に生まれた概念であるが、井深も小林も、機械系の部分と電気系の部分の適正な按配によって製品本体の性能を向上させるメカトロニクス概念の必要性に先見の目を持っていた。

井深が小林に実業家の植村社長が資金を出して、将来性のある無線関連ビジネスに投資する構想を持っているとの話をしたところ、小林も乗り気になって、親戚筋のライオン歯磨から出資してもらう話を取付けてきた。小林はライオン歯磨きの創業者小林家の一族であった。

こうして１９４０（昭和15）年秋に五反田駅近くに拠点を借りて日本光音工業から移ってきた社員らを含めて総勢50名の会社・日本測定器（株）が創業された。経営陣は非常勤の植村泰二社長、常勤の小林恵吾専務取締役と常務取締役の井深は開発製造担当役員となった。

当時日本では機械系の会社と電気系の会社がはっきりと分離していたため、近代兵器の開発に欠くことのできないメカトロニクス的な発想が欠如していた。陸軍や海軍で用いる最新の機器の開発は、メカと電気の融合は不可欠であったので、これをこなせるのは井深のいる日本測定機以外にはないということで、日本測定器のビジネスは陸海軍や逓信省向けに急拡大していった。

日本光音工業から連れてきた安田順一は、超短波の30メガサイクルまで計れる電圧計が日本製品にはなかったのに目を付けて、ＧＥ社製の電圧計と同等な30メガサイクルまで計測できる真空管電圧計を商品化したところ、陸海軍の研究所などに飛ぶように売れて、日本測定器（株）の主力品となった。

樋口晃は容量計測器などの製造に従事。電気部品や測定器や航空機の計器の製造には、精密な基準機を必要としたため競争相手は少なく、言い値で買ってくれるため日本測定器の経営は当初から安定していた。

また３０００～４０００サイクルの発信機を、音叉とカーボンマイクを組み合わせた省電力の画期的な発信機を発明し、この発振器と電気回路を組み入れた有線電話の秘話装置を商品化したところ、満州の関東軍が全面採用し売上増となった。

発振サイクルに調整する音叉は、通常は音を測定しながら調整するところ、音感の優れた音楽大学の学生は、音の発信サイクル数を耳で判断できるので、音楽大学の学生の勤労動員を受け入れることで、生産効率が一気に上がった。一年後には社員は300名ほどになったので、月島にあった生糸工場の一部を借りて増産をはかった。

特に技術的に誇れるものは周波数選択継電器であった。極度に低い周波数を、断続してとらえ、これを増幅しやすい高周波に変化させる装置である。海中に潜む鉄の塊の潜水艦が発する微弱な磁気をとらえて、これを増幅して潜水艦の存在をとらえることができる。

東京がアメリカ軍によって空襲が激しくなる1934年（昭和19）夏に、工場を長野県須坂にある2万坪の、中にはリンゴ園もある製紙工場跡地に疎開させた。須坂工場の社員は510名。終戦当時には800名となっていた。

工場疎開に当たり井深の卒業した神戸一中の先輩である満州重工業の理事をしていた三保幹太郎に会い日本測定器の増資という形で移転の費用175万円を調達することに成功した。井深の人柄と日本測定器製品の将来性を三保が信じたからだった。

終戦直後、井深が東京通信研究所を創業した時にも、三保は、日本橋の白木屋三階の場所と、一万円の資金を井深に提供している。

日本測定機時代の海軍や陸軍から来る高度な無線機器の開発依頼を通して、良きにしろ、悪きにしろ、井深が学んだことは日ごろからメモに記しており、ソニーの設立趣意書の冒頭にも、このメモに基づいて理想工場の原点として日本測定器時代に学んだ内容が記されている。

植村の映画製作の「技」を東宝映画10周年記念誌に公表

当時の映画会社は、スタッフの各自が所属会社に縛られながら既得権に固執し、人情主義の美名のもと実力による競争を避け、新進気鋭のものは異分子として排除して、無能老朽化を覆い隠すという映画界の陋習をさらしていた。

植村泰二のＰＣＬ映画製作所は革新的方針を掲げたため、他社からも新進気鋭の優秀人材がＰＣＬ映画製作所との契約を求めて映画製作に参加してきた。

植村泰二はＰＣＬ映画製作所の5年と、東宝映画の五年を合わせた東宝映画10周年記念誌に、「回顧10年」との題で、自らの映画製作の革新的方針を次のように回顧している。

①契約制度の実施

能力のあるものはそれなりに遇するとの方針の基に日本映画界の陋習打破して合理的経営を

実施。監督、俳優等各個人の芸術的、技術的業績と、将来の見通しによって、その都度契約条件を更改し、有能な芸術家、技術家には、益々有利な条件を加えていく、その才能を十二分に発揮する制度を採用。また作品の興業成績をもとに、その従事者に、特別賞与を与え、大衆に支持される映画製作を奨励する制度を設けた。

映画の企画ごとの契約なので、空いている時間や日程があれば、俳優は拘束されることなく自由に舞台出演をして技術の練磨をはかれる。これによって一流の芸術家や技術家を外部からどんどん招聘して、大衆が求めんとするものを的確に答える映画作りが実現した。

② 予算制度の実施

当時の映画製作といえば、無計画で芸術家本位、気分本位で、これを一新するためあらゆる部門にわたって事務処理のセクションを設け、予算制度を厳格に実施して映画事業の健全化を実現。映画の企画ごとに配給収入予算を決め、各関係部門の責任額を明確にして予算の達成を期するやり方を導入した。

③ 製作陣容整備の方針

それまで映画界はスター中心主義で、俳優あっての映画製作であったがＰＣＬは製作あっての俳優であり、演出家であり、技術家であるとする方針を取った。製作上必要とあれば、いかなる犠牲を払っても、一流の芸術家、技術家を外部から招聘する方針を採用すると同時に、映画製作の予算やスケジュールを管理する事務系人材は、他社から熟練者を求めないで、会社で育て上げた青年をこれに当たらせ、大きな責任を持たせて働いてもらい製作組織の合理化の核ともなった。

後の東宝副社長を務めた森製作部長自ら、各大学卒業の優秀な青年を集めて、製作資料の調査、興業資料の蒐集研究、企画の立案研究やシナリオ作りについて実務を担当させながら、金曜日には彼らを集めて森製作部長自らこれら実務の指導に当たり、将来の幹部社員の養成を図ったのである。こうして育った若者が東宝映画の幹部として活躍して発展の礎となった。

植村の映画製作のやり方を戦後のソニーに持ち込む

能力のあるものはそれなりに待遇する

井深が1933年（昭和8）入社したPCLでの四月分給料は50円だった。年末になると開発技術者として認められ増谷麟技師長が主催する技術会議に出席するようになり、3年後には150円となっていた。

この「能力のあるものはそれなりに待遇する」との植村所長のポリシーは井深の心に焼き付

いて、戦後のソニー創業時の設立趣意書に経営方針の6番目に「一切の秩序を実力本位、人格主義の上に置いて、個人の技能を最大限度に発揮せしむ」としている。

本業に関係しない研究でも世のため人のためになるものならOK

井深は本職のトーキー録音技術研究の他に、大学時代に特許を取った「走るネオン」のデモンストレーションをする試作品を製作して、1937年（昭和12）5月から11月の期間にパリで開催された「現代生活における芸術と技術国際博覧会」に出品して優秀作品として金賞を受賞。同年6月29日付東京朝日新聞に、パリで井深の走るネオンが驚異の的のひとつになっていると掲載された。これを聞きつけた広告看板を作る業者がネオンサインをPCLに注文に来るようになり井深が設計製作をして提供するようにもなった。

井深時代のソニーでは、本業以外のアイデア製品でも勤務時間中に製作して社内アイデアコンクールに出品してトップに評価してもらい、優秀なものには賞金が授与される制度があった。

映画製作のタスクフォースをソニーの新製品開発に持ち込む

企業における組織は研究所、開発部門、製品別事業部門、生産工場部門といったサプライチェーン上の流れに沿った機能別事業組織で構成され、その部門の中に資材、品質管理、生産技術、総務、人事、経理といった専門機能で部が構成されているのが普通である。

常識的には研究所で要素技術を確立したものを開発部門で咀嚼して新製品の構想書に基づいて原理試作までやって、その動作サンプルと仕様書を添付して量産設計部門に引継ぐ。そこの新たなメンバーが仕様書を咀嚼して量産試作を繰り返し、製品の量産設計を完成させる。その仕様書と量産試作サンプルを今度は地方の量産工場に引継ぎ、量産工場でそれをまた咀嚼して量産開始に向けて金型や設備を整える。

更に販売部門では量産サンプルでセールスポイントを明確にして発売日にあわせて店員への新製品教育活動や店頭にそろえておくカタログ用意する。そして発売日にいっせいに放映するコマーシャルを準備する。

このようにプロセス上の順送りでやるやり方は発売まで多くの時間がかかるのは当然だった。当時の家電業界の新製品開発のやり方は研究開発部門、試作設計部門、生産工場部門、営業販売部門を伝言ゲームのごとく新製品を引き継いでいくやり方で新製品開発に2年以上かかっていた。

井深は植村の映画製作のタスクフォース方式をまねて、これぞと見込んだ人物をプロジェクトリーダー（全権をもつ監督）として、各部門や外部からも優秀プロジェクトメンバーを選別採用して、一丸となって研究開発フェイズから量産設計フェイズ、更には工場での量産スタートから販売展開までを一気通貫で業務をこなしてビジネスを立ち上げる。

あたかも映画監督が一気呵成に劇場映画を世に出すやり方をソニーの新製品開発に持ち込んだのだった。

プロジェクトに参加していたメンバーはプロジェクトが終了すると失業する不安をもつのが常である。ソニーはプロ集団が心置きなく仕事に没頭できるようにプロジェクトのほか、母港と呼ばれる専門家集団の部にも籍を置く二重国籍を持つやり方をとっていた。図面手配時などの多忙になるときは母港の部長に頼み応援を出してもらう。今やっているやり方より優れた可能性のあるものをその機能部門で並行して開発研究してもらい、うまくいけばこれを使う。

プロジェクトが終了すると母港の専門機能組織に戻り、次のプロジェクトに選抜されるまでの期間、そこでの固有の仕事や自己の更なるスキルの研鑽をはかる。だから専門機能組織の長はその専門領域の分野で一目をおかれ、部下をプロジェクトに送り出している。プロジェクトからの相談や応援、指導研鑽といったことをこなせる、誰もが認めるNO1の専門家といわれる人材が母港の長となる。

組織を順送りで引き継ぐ他社より3倍以上の速さで日本初、世界初の新製品を数多く送り出して当時の世間をあっと言わせていたのがソニーの開発プロジェクトで井深はこれを母港方式と称していた。

原点は東宝映画初代社長の植村が確立した映画製作のタスクフォース方式。井深は元々PCLに所属していた関係から東宝映画とは関係が深く、ソニーの社長時代の一時期、東宝からたのまれて社外取締役も兼任していたことがある。

また複数の会計期間にまたがる研究開発予算と実績評価も、植村の予算制度をまねた研究製番制度を導入し、プロジェクトの期間中に投入した研究費予算に見合う、発売後の収益予算を見てGOであれば製番を登録して、発売後の実績ではどうなったかを複数の会計期間を通して評価する研究プロジェクト製番管理制度を設けた。

第4章

技術魂・井深大

―究極の将来・北極星に視点を置いて今を見る―

終戦日のわずか半月後9月に東京通信研究所を開業

軍需会社の解散と終戦直後に東京進出して再出発への議論

1945年(昭和20)初め、敗戦が差し迫っていることは、陸海軍の研究所の将校からの話や、国民には禁止されている海外短波放送の受信によって知るところであった。さらには東京の家が焼かれ軽井沢の別荘に疎開していた義父の前田多門が、終戦当時の近衛首相としばしば接触しており前田からも日本の敗戦が近いということを聞いていた。

敗戦となれば陸海軍むけの日本測定器の仕事は無くなるし、軍需工場は進駐してくる米軍から接収される可能性が高い。日本の敗戦によって軍需工場である日本測定器の解散を意味することは、共同経営者の小林恵吾とも意見が一致していた。

井深には、現在の延長線上で考えるのではなく、まず進駐軍司令部が東京に進出してきたときに彼らは何から始めるのかを見通していた。

元外交官だった義父の前田多門からも、米国進駐軍は日本を民主的な政策で統治するだろうと聞かされていた。

井深は進駐軍が真っ先にやることは、爆撃でズタズタとなっている全国の通信網や放送網、鉄道、道路など、統治に必要なインフラを真っ先に復興させることだと想定した。そして、その復興需要にこたえられる民生品企業が一斉に操業を始めるという近い将来の世界が見えていた。

その視点から井深は、現在を見れば政府の終戦宣言がなされたら直ちに、焼け野原になっている東京に出て、戦後の再建という日本社会のパラダイムシフトの波頭に立つチャンスをつかまなければならないと考えていた。それを共同経営者の小林圭吾を何度も説得したが、小林恵吾は頑として聞き入れなかった。

共同経営者の小林恵吾は、いわば一般人と同じ発想なので「2万坪の長野県須坂工場はリンゴ園に囲まれており、食料面で自給自足の生活が出来て、家族が食べていけるのに、わざわざ食糧難で、しかも進駐軍が進出して、婦女子に危害が加えられる恐れのある東京に家族をつれて戻るより、戦後の社会が落ち着くまで須坂にいた方がいい」というものであった。所詮、井深の考えを理解できず東京進出は大反対だった。

小林恵吾との話し合いの結果、終戦の宣言直後に井深と東京に出たいと言う人達には餞別として、いくつかの日本測定器にあった機械設備や材料を持って行くことで合意した。

井深の考えはこのまま地方都市にいたのでは、日本復興に向けての情報収集に後れをとり、民生品企業を軌道に乗せるのは到底難しい、終戦直後にいち早く東京に拠点を移せば、日本測定器での信用や技術や材料が生せるので、大きな資金がいらず、個人会社として開業と同時に経営が安定すると踏んだのだった。

井深の考え方に賛同して、ついていくと決心していた7人は、日本光音工業時代からの樋口晃（製造）、安田純一（計測器設計）と日本測定器に入社した中津留要（マイク設計者）、山内宣（製造）、黒髪定（製造）、河野仁（製造）、そして井深が最も信頼していた経理・総務関係を担当していた太刀川正三郎らであった。太刀川正三郎は函館の資産家太刀川家の三男で、祖母が井深の祖父の妹に当たる。

彼らと、じっくり時間をかけて相談し、それぞれの役割をきめ、終戦とともに、即時に東京に出て旗揚げしようということとなった。

終戦日のわずか半月後に東京通信研究所を日本橋で開業

井深は、1945年（昭和20）8月15日に須坂工場でラジオから流れる終戦の詔勅を聞いた。かねてからの段取りどおり、翌日には井深は三保宛ての直筆の紹介状を太刀川にもたせ、太刀川正三郎を汽車で東京に向かわせた。

戦時中に日本測定器が長野県に疎開工場を展開する資金は、鮎川義介傘下の三保幹太郎がいた満州重工業コンツエルンが日本測定器の増資を引き受ける形で出資してくれた。鮎川義介は日本の敗戦を予期して満州重工業コンツエルンの持つ資産を二つに分け、日本本土の資産を切り離し、東京を拠点とする日産コンツエルン傘下に満州投資証券（株）も含む日本本土にあるすべての関連会社（日本橋、白木屋百貨店も含む）を支配下に置く布石をなした。ここに三保が配置されていた。

鮎川義介は満州の資産が失われる前に、日本の資産を分離する布石を打っていたのであった。だから日本橋の白木屋ビルも満州投資証券社長の三保幹太郎を介して日産コンツエルンから借りる契約を太刀川は交渉できたのである。

東京で三保等と面会して、井深らの東京進出に前向きに協力するとの内諾を得た太刀川はすぐに契約当事者となる井深に報告し上京を促した。

井深の東北沢の持ち家は、井深の家一軒だけが焼けずに残って使えると知った井深が契約のため上京したのは終戦日５日後の20日であった。上京した井深が日産コンツエルンの専務の小倉源治と会って、１万円の出資と日本橋白木屋デパートの３階の一角を借りる契約をした。

満州投資証券社長の三保は、神戸一中の後輩である井深の日本測定器時代の経営能力を高く買っており井深の電光石火の速さの東京進出を全面的に協力してくれた。

須坂から第1陣が9月初めに上京し東京通信研究所の看板を掲げ仕事を開始した。前述したが、上京組の樋口晃（後のソニーの副社長）は、終戦日の翌月の9月末に井深から手渡してもらった初月給の中身を見て「こんなに頂いていいのかと感激した」と書き残している。

多くの人々が、焼け野原になって食料の調達もままならない東京で、さらには、アメリカ軍の進駐によって婦女子が襲われるのではないかとの不安をもっていたさなかに、日本測定器の上京組が須坂から一家で9月当初から東京に移った判断が、戦後のソニーの成功の分岐点になったのだ。

1962年（昭和37）12月の**日経新聞社の「私の履歴書」欄**にソニー社長井深大として15日間にわたって井深の書いた経歴が掲載された。

8回目の12月22日の朝刊では、「仲間とともに東京へ」として、1945年（昭和20）9月に東京の日本橋白木屋3階で東京通信研究所（略称：東通研）をスタートさせ、井深の預金から月給を支払ったと詳細に掲載されている。

一方、日本測定器の共同創業者であった専務の小林圭吾は、軍需会社であった日本測定器を解散した以降も、残った社員とともに食料には困らない長野県須坂のリンゴ園を持つ疎開工場にとどまっていた。

しかし、数年後に須坂にあった機械設備や材料をもとに東京に戻り、コッツ測定器（株）を起業したものの、測定器の主要需要者である官公庁市場が、先発した東京通信研究所（略称「東通研」）などの先発企業に抑えられてしまった後だったので、世に認められる企業とはなれなかった。

東京通信研究所が最初にヒットさせた第1号製品は短波コンバータ

終戦当時、最新のニュースや空襲警報を聞くために90％以上の家庭には真空管方式のＡＭラジオが普及しており、天皇の終戦の詔勅放送は全国民がとりあえず聞くことができた。放送を管轄する逓信院は１９４５年（昭和20）９月７日の法改正により、それまで国民が聞くことを禁止されていた海外短波放送が解禁された。一挙に海外からの短波放送を聞きたいという潜在需要が広がり、井深らはこれに着目をして使用材料が少なくて済み、家庭にあるラジオの上に載せ配線で接続させ、短波ラジオの受信を可能とするコンパクトなコンバータを設計して製造することを決め、樋口晃がこれにあたった。

９月中旬ごろから、人目に付く白木屋ビルの一角に製品を並べて改造するサービスを始めると、口コミで人々が買いに来るようになった。これを見た朝日新聞の記者が１９４５年（昭和20）10月６日の新聞コラムの青鉛筆欄に掲載してくれたので、たちどころにコンバータを買い求めたり、短波受信器に改造を依頼する人々が殺到することになった。

〈昭和37年12月22日経新聞社「私の履歴書」記事引用〉

「私ども8人が小林君とたもとを分かって上京したのは9月のことであった。そして『東京通信研究所』の看板を白木屋3階の一角に立てたものの、何から手を付けたらいいのか正直なところ無我夢中であった。あれこれ考えているうちに月末になった。収入らしい収入はない。私は預金を引き出して給料を払った。たけのこ生活をしながら作り上げたのは短波も聞けるコンバータである。この（東京通信研究所としての）第1号製品ができた時、朝日新聞の嘉治隆一氏が青鉛筆に紹介してくれた。この記事が載ったのは昭和20年10月6日号である…この記事が掲載されたその日のうちに、新聞で見たというお客が列をつくったほどである」

〈昭和20年10月6日朝日新聞「青鉛筆」記事引用〉

「▽一般家庭に現在ある受信機でも一寸手を加えれば簡単に短波放送が受信できるという耳寄りな話▽前田文相の婿にあたる元早大理工科講師井深大氏はこの程日本橋白木屋の3階に東京通信研究所の看板を掲げ、商売気を離れて一般受信機の改造、または付加装置により短波受信器を普及させようと乗り出した。少し高級な超へロダイン受信機ならば簡単な改造のみで立派に改造受信機となり、高周波一段以上のセットであれば付加装置で短波が受信できるようになる▽今後民間放送が許されて私設の放送局により数か所から放送されるようになると、従来の受信機ではどうしても混線して聞き取り難くなるが、改造あるいは付加装置によってこれも聴き分けられるようになるという▽井深氏はこれまで兵器会社を経営していたものだが今度は得意の技術を少しでも役に立てばというので街の学者として新たに出発するわけ、一般受信機の修理についてもどんなことでもご相談に応じますとの話」

井深に従った上京組のうち、太刀川など東京に住む家がある人は一家を連れて上京した。樋口晃や安田など東京に住む家がない人は、貸家を見付けるまでの間は、太刀川の家や、職場の一隅に布団をしいて泊まり、昼夜を分かたず精魂を仕事に注ぎ込んだ。数か月後には貸屋を見つけ、須坂から家族を呼び寄せている。

井深の『わが友　本田宗一郎』（１９９１年ごま書房刊）には、本田宗一郎との座談が記載されており、「東京通信研究所の看板を掲げたのが昭和20年９月でしたよ」との井深の話がある。

９月に看板を掲げた井深の東京通信研究所が順調に立ち上がっていることが、10月６日の朝日新聞青鉛筆欄などに報じられたことから、須坂の残留組の中から、上京して東京通信研究所に職を求めてきた人たちも加わり総勢20名近くになり、増加する注文に対応できるようになった。

2番目のヒット製品は安定利益を生み出した真空管電圧計

短波コンバータの次に、真空管電圧計と電気炊飯器の研究を同時に始めた。真空管電圧計は安田順一が日本測定時時代に手掛けたもので、当時、日本製品にはなかったGE社製と同等な30メガサイクルまで計測できる性能を持つ製品は、部品集めには苦労したものの、試作品を安田は完成させた。

井深はこの試作品を携えて逓信院（後の郵政省）の総裁で技術畑の松前正義に陳情したところ、戦中も日本測定器の納品先でもあったことから逓信院からの注文が取れて、東京通信研究所の所帯を支える安定収入が確保された。

この他、手先の器用な人により秋葉原の掘っ立て小屋で電気部品を商う露天商向けに、ラジオ用のダイヤル表示部品や、レコードのターンテーブル（フォノモーター）や、焼け跡から鉄を拾って来てレーコード針を削り出して「クリアボックス」と名付けたピックアップで日銭を稼いだ。針の品質の良さを露天商に評価され東通研の知名度を上げて行った。

電気炊飯器についいては終戦直後なので電力会社から送られてくる電圧が不安定なので、炊き立てのご飯にバラツキがあり商品化には失敗した。しかし食糧難の中で試作機の試験に使う米を毎回、経理の太刀川が闇屋などから調達してくれていたおかげで、試験のたびに出てくる半煮えのご飯は社員の腹を満たし、持ち帰って家族らの食糧難を助ける福利厚生の役にたった。

戦前の日本測定器の得意先であった逓信省、運輸省、ＮＨＫなどが、占領軍の指令で全国電話網や、国鉄の通信設備や、ＮＨＫの全国放送中継網などの通信機器の戦後復興事業をいち早く取り組み始め、東京で信頼できる通信機器や測定器の製造技術を持った会社を探していた。

終戦の半月後の９月初めに日本橋白木屋ビル３階で看板を掲げ営業を開始し、翌10月６日の朝日新聞で井深たちの活躍が報じられていたので、井深自身も逓信省、運輸省、ＮＨＫなどにいる旧知の人々に面会して営業活動をした結果、日本測定器時代の通信機器や真空管電圧計などの再注文が東通研に殺到した。製造場所として白木屋７階も借り増し、更に郊外まで拡張に次ぐ拡張をして増産せざるを得ないほど繁盛した。

開業後わずか４か月で規模的にも資金調達の面からも、個人事業を法人成りして株式会社化せざるを得ない盛況となった。

１９４６年（昭和21）３月には、逓信院の管轄のＮＨＫより無線中継用受信機の改造を請負い、４月には逓信院と運輸省より、レベルメーター低調波用発信機、通信用音叉等を受注し、運輸、通信、放送の官庁や業界から、技術に優れた会社として認められた。

人情経営者、井深の素顔

安田順一が設計した真空管電圧計は東通研の経営を安定させるのに貢献したが、安田は糖尿の持病を持っており、しばしば職場で気を失ない倒れることが多かった。同僚が素早く砂糖水を作って安田に飲ませることを繰り返していた。井深は、糖尿病の治療薬のインシュリンの原料となる魚のタラが、静岡の漁港で水揚げされたと聞くと、汽車で静岡の漁港に行ってタラを買い求め、安田に食べるように家に持ち帰らせていた。

また、職場で熱を出す社員がいると、会社の嘱託医宛の紹介状を持たせて医者に行ってくるように促して、会社持ちで診療を受けさせた。

樋口は、家庭の事情で金銭が不自由となって、職場に通勤する際に電車に乗らずに一時間以上かけて歩いて通っていた時期があった。その時、井深は何も言わずに樋口のポケットにお金をねじ込んでくれた。樋口はありがたくいただき家計が立ち直ったと手記に書き残している。

戦前の軍需品会社経営の体験から、理想の会社の設立趣意書をしたためる

東京通信研究所の看板を掲げた1945年（昭和20）9月から4か月後の12月には、既に事業は軌道に乗り、個人事業として始めた東通研の法人化を決意し、会社の目的や経営方針を説明する東京通信工業（株）設立趣意書を昭和21年1月に起草したのであった。その後のソニー経営のバイブルとして歴代のトップに引き継がれてきた。

1946年（昭和21）1月に井深が記した東京通信工業設立趣意書の冒頭には、

「戦時中、私が在任していた日本測定器株式会社において、私と共に新兵器の試作、製作に文字通り寝食を忘れて努力した技術者数名を中心に、まじめな実践力に富んでいる約20名の人た

ちが、終戦により日本測定器が解散すると同時に集まって、東京通信研究所という名称で、通信機器の研究・製作を開始した。

……戦時中、すべての悪条件のもとに、これらの人々がしっかとして使命達成に努め、大いなる意義と興味を有する技術的主題に対して、驚くべき情熱と能力を発揮することを実地に経験して、また何がこれらの真剣なる気持ちを鈍らすものであるかをつまびらかに知ることが出来た」

戦時中の物不足の中でも技術者たちが最大限の能力を発揮して画期的な製品を開発してきた活躍と、技術者の真剣な気持ちを鈍らす側の発注する陸海軍や官公庁の融通性のない対応の両方を知ることができたと記載しているのである。

また会社の目的と方針として会社を取り巻く利害関係者（ステーク・ホルダー）との共存共栄が会社の目的であり方針であることが次の表現で記されている。

―「技術者」の技能を生かし「従業員」の生活安定を援助、「下請工場」の育成と相互扶助、コミュニティとして「日本の再建」「文化向上」、顧客である国民に「進歩した技術の国民生活に即時応用」―

産経新聞論説委員の田口憲一がソニーの躍進の秘密を分析して出版した『**S社の秘密**』（**1954年新潮社刊**）には「井深が陸海軍から受注した研究開発をやった経験から、戦前、戦中の日本の科学技術体制における陸海軍の官僚主義や形式主義、セクショナリズムにより、能力結集や開発とは裏腹な制度や精神がはびこって、結局アメリカに比べ貧弱な成果しか上げられなかった」との話が記載されている。

航空機エンジンの専門家である東大工学部の教授・冨塚清が終戦の年の12月に発表した『**敗戦科学の実相**』には、「科学技術の発達が非常に凸凹で、超短波用指向性アンテナの八木アンテナや、超短波発生用のマグネトロン真空管も日本が発明したのであるが、日本の部品などの裾野での工業力が伴わず、真空管ひとつ、スイッチ一つ、これぞという信頼性のあるものを作れないため、レーダーシステムとしてまとめようとするとまともな性能が発揮できず、日本の科学技術は大いに立ち遅れていた」とある。

当時の日本の真空管工場の製品合格率は10％で、出荷された合格品にも性能にばらつきがあり、また輸送中の振動で壊れるものも多く、井深らは出荷する精密測定器に使える真空管を調達するときは、問屋の店先で計器を用いて選別してから買わないと、自らが作る測定器の性能が保証できなくなる。このように戦前は、日本の工業力のすそ野は貧弱で井深ら真摯な技術者の気持ちを裏切ることばかりだったという。

この原因は全て戦前戦中の日本の科学技術体制における官僚主義や形式主義、セクショナリズム、秘密主義がはびこって、突出する分野別の設計の専門家はいるが、製造品質レベルを保証する製造技術や製品を傷つけない輸送梱包の重要性等の、供給インフラ全体を見る人材は役所におらず無視され、結局はユーザーに届いた時には、使い物にならなかったりしていたのである。

日本の工場で作られた戦闘機も、工場から飛行場に運ぶ時も牛車で運ぶほど輸送インフラが貧弱で、戦地の送り先に戦闘機が届いたときには、使い物にならないものも出てきて、新品の戦闘機が単なる交換部品を取るため機材とするしかなかったものも多かったという。

陸軍から日本測定器に発注された、船舶の熱線を感知してその方向に爆弾の羽を動かして、船舶に命中させる熱線誘導爆弾の開発では、熱線を感知して、その方向にかじを切る信号を出す部分を井深らの日本測定器に開発するよう依頼され、井深らは試作品を完成させ、青函連絡船の熱線を追尾するフィールドテストまでやったが、爆弾本体の羽をコントロールする部分は糸川英雄（戦後ロケット博士と言われた東大教授）らの所属する会社が引き受けており、熱線誘導爆弾システム全体を統合して、機能を発揮させることができず、完成できなかった。

海軍から発注された海中に潜む潜水艦の磁気を、飛行機で探知するという、日本測定器でメカトロ全体のシステムを統合できる磁気探知機は実戦に使用され戦果を上げて評価された。

井深は戦後の東通工（株）の設立に当たり、会社組織の官僚主義や形式主義、セクショナリズム、秘密主義を排除して、技術者が自由闊達にその能力を発揮する理想工場を目指したのである。

個人企業を法人成りして東京通信工業（株）を登記

東京通信工業設立時の人選

昭和21年当時の会社設立の法規では、資本金20万円以上の会社の設立には当局の許認可が必要とされていた。東通研を法人成りにするだけのことで、許認可で無駄な時間とトラブルがないように、経理担当の太刀川正三郎が、届出だけで会社設立が出来る資本金19万円で発足させた。設立時の資本金の19万円の半分は、太刀川が実家の函館の太刀川家に頼んで出資してもらったという。

井深の個人企業・東通研を法人成り（法人化）させて、本社は同じ白木屋の3階で、社長は井深の義父・前田多門にお願いし１９４６年（昭和21）5月7日付で東通工（株）が発足した。

前田多門は面倒な代表権は井深一人でやってほしいと言うので、代表権は井深専務一人だけが持つこととなった。

しかし、最低額の19万円の資本金では、仕事が殺到している東通工にとって、すぐに資金繰りがつかなくなる。このため創立5か月後の10月には資本金を3倍の60万円とする増資が必要となったのであったが、この増資については井深を息子のように思っている野村家が全面的に協力してくれた。

このような背景のもとに1946年（昭和21）5月7日に東通工（株）が設立され、役員は「ソニー40周年記念誌・源流」には次のように記載されている。

前田多門　　東通工（株）設立初代取締役社長
井深大　　東京通信工業を創設　代表取締役専務
盛田昭夫　　東通工（株）を設立し取締役
樋口晃　　東通工（株）設立　取締役
太刀川正三郎　東通工（株）を設立　取締役
田島道治　　相談役

世間から見れば文部大臣を辞めたばかりの前田が社長で、相談役が元日本銀行参与で、後に宮内庁長官となる田島といった大物が役員に名前をつらねる特異な会社として、当初から目立った存在となった。

設立当初、盛田昭夫は樋口晃や太刀川正三郎と同格の設立時平取締役で、1年後の1947年（昭和22）5月27日の株主総会後に常務取締役となったと社史には記載されている。

法人成りした同年7月には運輸省の管轄する国鉄に真空管電圧計50台を納入している。この月に逓信院が廃止され逓信省として再出発し、同年11月には逓信省管轄のNHKより全国放送するための無線中継地点に設置する無線中継電源装置130台を受注、12月には逓信省に拡声器の役割をする調音器500台を納入。事業は順調に拡大していった。しかし分散せざるをえなかった拠点は事業の拡大に対応しきれず、問題だらけであった。

法人設立7カ月後に本社を白木屋から五反田の御殿山に移転

本社の場所について、白木屋がデパートとして本格的に商売をはじめようとしており、売り場を広げることが白木屋デパート再開のための緊急課題だった。そして3階の一部と7階を使っていた東通工に年末までに出て行って欲しいと申し入れた。

この白木屋からの申出による予定外の混乱を生じたが、移転資金5万円を幼い時から懇意だった売れっ子作家の野村胡堂から緊急に支援してもらい、同年12月に五反田にある東京気化器の2階建ての木造社屋に、あちこちに分散していた本社機能と製造スペースを一か所に集約できて一段落した。

義父前田多門は東京の自宅が戦火で消失していたため、終戦時には軽井沢の別荘に住んでいた。終戦日の2日後に発足した東久邇宮内閣の文部大臣に任命されたため、急きょ上京して帝国ホテルで仮住まいをしていたが、井深の妻である次女が、疎開していた長野県須坂から、焼けずに残っていた井深の渋谷区大山町（小田急線東北沢駅の北側）の自宅に子供を連れて9月に移り住んできたので、ホテル住まいをやめ、気兼ねの要らない娘の住む井深の家に同居することになった。

義父は元内務省官僚のエリートで、東京市助役や新潟県知事、貴族院議員を歴任し、終戦直後には文部大臣も務めた人である。彼は常に世界における日本国というものを考え憂えていた。

彼が第2次大戦前に、ニューヨークの日本文化会館の館長としてアメリカに旅立つとき、「これからおそらく日米間で戦争が始まるだろう。そうなれば私もどのような目に合うかもわからない。だが、自分が行くことによって多少なりとも事態が好転するなら身命をささげよう」と井深に言ったことがある。義父の犠牲的精神の源泉は、国々の懸け橋となるとの思想を守っていた新渡戸稲造氏の影響であった。井深は最初の結婚相手の父親として会った時から非常にこの義父になった前田の考え方に心魅かれていたし意気投合もしていたから、井深自身も彼の影響は強く受けていた。

井深は経営が軌道に乗ったら、本業以外で文明の進展に貢献し世の中のお役にたつことを行いたいと東通工設立以前から考えていた。前田多門の世界的視野に立った考え方にも影響を受けて日本を発展させるには国民の間に広く科学技術を普及させなければならないと痛切に考えていた。そのため次の一文を趣意書に加えたのである。「国民科学知識の実際的啓蒙活動」がそれである。

ここから1959年（昭和34）、「理科教育振興資金制度」がスタートし、次いで「幼児開発協会」が組織化されていった。小学校の理科教育振興と幼児教育とは、井深自身の〝種〟につながる生き方にとって必然的な流れであった。

帝国ホテル住まいから、娘婿の井深家に引っ越した前田文部大臣には、出勤時には公用車が家に迎えに来る。文部省が日本橋の井深の会社にも近いこともあったので毎朝、井深は便乗させてもらい車中で義父といろいろな情報の交換をすることが日課となっていた。

1946年（昭和21）1月に占領軍GHQが、公職追放令を出して、官公庁に勤めていた戦争犯罪人、元職業軍人、大政翼賛会等の国家主義的団体の幹部を罷免する指令を出した。前田多門は戦争中に新潟県知事などを務め、県知事は大政翼賛会の地方支部長も兼務させられていたため、国家主義的団体の幹部であったとの理由で、文部大臣を昭和21年1月罷免された。

この時期、井深は、東通研を法人成りして多額の資金調達を可能とする株式会社化しようとしていた時期であった。１９４６年（昭和21）５月に法人成りした新会社の社長に元文部大臣の前田多門を据えれば、更なる官公庁や有力企業からの取引拡大や資金調達に弾みがつくと考えていた。

同居していた義父の前田多門に東通工（株）の社長となることを頼むと、面倒な社内の決済などが伴う代表権は井深に任せ、自分は代表権のない社長として対外的な交渉等をもっぱら引き受けるとの条件付きだった。その為、井深の肩書だけに代表権が付く代表取締役専務となった。

この対外交渉を社長の前田がやるという布陣は、後に日本にアメリカ製のテープレコーダが輸入され始めた時に、東通工の持つ永井特許を盾に撃退する訴訟を日本で起こした際に役立った。

アメリカ占領下の日本で、特許にもとづくアメリカ製のテープレコーダの輸入阻止の正当性を、絶対的権力を握るアメリカ占領軍ＧＨＱに認めさせた英語に堪能な初代前田多門社長の貢献は、その後の特許で守られた東通工のテープレコーダの高収益と急成長の転機となったのだった。

前田多門は、社長を引き受けた娘婿の新会社には、資金調達分野で有力者が必要と考え、東大時代に一年下で同じ新渡戸稲造門下生で親友でもあった愛知銀行常務で元日銀参与を務めた田島道治に声をかけ、相談役を引き受けてもらった。田島道治は戦時中の金融統制会理事で日銀参与でもあった。

戦中に海軍技術研究所にいて仕事柄、井深と付き合いのあった13歳年下の盛田昭夫は戦後、愛知県の実家に戻っていたが、前掲の1945年（昭和20）10月6日の朝日新聞「青鉛筆」記事が縁で井深に連絡を取って再び交際を始めていた。

1945年（昭和20）10月から東工大の講師を務めていた盛田昭夫が、東通工設立時の役員の人選をしている1946年（昭和21）3月末ごろに井深を訪ねてきた。元軍人の経歴を持っているものも追加して昭和21年末までに退職させよとの公職追放令が出されたので東工大に勤められなくなるとの話をしに来た。

盛田昭夫からの申出で、井深はそれならば1946年（昭和21）5月に株式会社化するのですぐに東工大をやめてこちらに来いと話をしたのであった。

相談役となる予定の田島道治がこれを聞いて、自分が愛知銀行常務時代に資産家の盛田家とも取引がありよく知っており、彼の息子がわが社に入るとなると、盛田家が投資してくれる可能性が大きい。この際、前田社長とともに愛知に行って顔つなぎをして、新会社の東通工の株式購入もお願いしに行った方がいいとアドバイスしてくれた。

こうして社長となる義父の前田と井深が、4月初めに愛知県に行って盛田昭夫の父親と会い、すんなりと5月から盛田昭夫を新会社の取締役にすることの許しが出た。新会社の株式の購入を前向きに検討するとの了承も戴いた。その時、盛田家でいただいた盛田家が経営する敷島パンで焼いたパンと紅茶の味は一生涯忘れないほどおいしかったと井深は後に語っている。

その後4月の末頃、東京で盛田昭夫と再会した時に、井深がかねてお願いした東通工の設立期の出資を頼んだところ、盛田家の番頭さんが付いてきていて、「何をやるかわからないうちは金は出せない」と井深の期待に反して設立時の出資話は断わられたのだった。

当初の話と違い盛田昭夫は東通工設立後も東工大の講師を続けていたので、この兼務について、井深は盛田に、「先生などやめてしまえ。先生などで暇をつぶされたのでは我々の企業は伸びない。君のような有能なスタッフが2つの自分を持っては困る」などと叱ったことがあった。

愛知の資産家の盛田家が長男のために東通工に積極的に出資してくれるようになったのは盛田昭夫が東工大講師をやめて、東通工の仕事に専任するようになった後であったという。

盛田昭夫は1947年（昭和22）5月27日の株主総会後に常務取締役となった。盛田は理系の出身であったが、常務に昇格してから井深の不得意な、金融及び営業面を一手に引き受ける実質的な共同経営者の役割を担うこととなり、日本測定器時代からの井深の腹心であった太刀川や樋口の設立時の役職である平取締役と差を付けたのである。
これは本田技研における本田宗一郎社長と金融と営業を任された藤沢武雄副社長の関係と同じ立場である。

東通工（株）発足の9年目、上場後2年目の1955年（昭和30年）の資本金は1億円で株主の1位は盛田（株）225500株（11％）、2位三井銀行100000株（5％）、3位盛田昭夫80000株（4％）、4位野村胡堂67000株（3・4％）の順であった。

三井銀行が多額の出資を東通工にしたのは、1948年（昭和23）6月に田島相談役が宮内庁長官に転出する際の後任の相談役として万代順四郎を東通工の相談役に加えたからだった。

万代順四郎は昭和の初め三井銀行名古屋支店長を経て、戦前三井銀行頭取を務めあげ、戦後は全国銀行協会連合会の会長をしていた。田島も昭和の初め愛知銀行に勤めていた関係で、二人とも名古屋時代に親しくなり、両者とも盛田家とは親しく取引をしていた旧知の間柄だった。そして三井銀行が盛田家に次ぐ東通工の出資者となったのであった。

相談役に就任してからの万代順四郎は、他の仕事は一切断り続け東通工に専念し、銀行時代の部下だった人たちには、強引に東通工の株を押売りしたと言われている。しかし押売りされた部下たちは、その後、東通工を改名したソニー株が「あれよあれよ」という間に高騰していったため、逆に万代さんのおかげで持ち家が持てたと感謝されたという。

前田社長は、1950年（昭和25）の公職追放令解除がなされた時、古巣の公職に復帰し、日本育英会理事長に転出し、井深が東通工代表取締役社長となった。

永井特許に守られたテープコーダーの開発で経営の基礎をつくる

テープレコーダで他社の追随を絶対に許さざる境地に独自なる製品化

井深は終戦直後に東京に進出する際に、二段構えの戦略を考えていた。第一段階は、占領軍が日本統治のために必要な、全国通信網や放送網や、鉄道、道路のインフラ整備に需要にこたえるため、いち早く日本橋に拠点を設けて、日本測定器で培った測定器などによって、東通研の20名の生活を安定させる。

生活が安定した後の第2段階については、井深が書いた設立趣意書の経営方針の第2項に記載されているように「利用度の高い高級技術製品を対象とする。また、単に電気、機械等の形式的分類は避け、その両者を統合させるがごとき、他社の追随を絶対許さざる境地に独自なる製品化を行う」としている。

井深の得意とするのはメカトロ技術でトーキー録音技術や磁気録音機はメカトロニクスの典型的な製品である。日本光音工業時代に知り合った東北大学教授はデンマーク人のプールセンによる鋼線に磁気録音する直流バイアス法に対して、より鮮明に録音できる交流バイアス録音法を発明して、戦前の１９４０年6月に有効期限15年の国内及びアメリカに特許申請を行っていたことを井深は知っていた。

そこで東通工開発テーマの第二段階として、親しい東北大学の永井教授の特許を使った鋼線式録音機を民生機器として開発することを決めた。

後でわかったことだが、テープ式録音機はヒットラー時代のドイツでフロイマイヤー博士が紙又はプラスチックフイルムの表面に鉄の微粉をのり付けして永井博士の発明と前後して交流バイアス法で録音機を完成させ、ＡＥＧ社からマグネットフォンの商品名で売り出されドイツで軍事放送や警察などで用いられていた。

戦後、ドイツに進駐したアメリカ軍が戦利品として米国に持ち帰ったドイツ製テープ式録音機を３Ｍ社の前身のミネソタ社がこのコピー商品を売り出した。アーマー・リサーチ社はその際にドイツが採用していた交流バイアス技術についてのアメリカ特許を申請し諸外国にも登録していたのだった。

戦前、安立電機は永井教授と共同で交流バイアス録音法の鋼線式録音機を試作研究しており、特許は永井教授との共同で取得していた。日米戦争が始まると安立電機は軍需品の生産に集中して鋼線式録音機は放棄し、所持した特許は宙に浮いた状態となっていた。

井深は東通工で鋼線式録音機の開発にあたり、永井特許の共同保持者である安立電気からその特許権を買い取る決断をした。東通工が打診すると、安立電気は交流バイアス法の特許を50万円でソニーに売りたいと申し入れて来た。昭和21年10月の増資で東通工創立の資本金が60万円となっており、資本金近くの金額の出費はちょっと高すぎるため、日本電気に声をかけて割勘にして共同で買おうと井深が申し入れたところ、日本電気では戦前に試作した鋼線式録音機をやっていた経験もあり、製品化に興味を示し、半額を負担することを了承した。お互いに25万円ずつ出して交流バイアス法の特許を安立電気から買い取った。

取得した交流バイアス法の特許は戦争中は十分利用できなかったとして、特許庁に有効期間を5年ずつ2回延長してもらい、この間、東通工と日本電気は日本での交流バイアス録音法の独占的立場を維持できた。

「能力主義の本質」を木原に実践して録音機開発に成功

天才的技術者・木原信敏の入社

早稲田大学機械工学科の木原は、1947年(昭和22)年初の卒業期に大学の廊下に貼ってあった就職の募集要項の一枚の掲示「学生求む　井深大　東京通信工業株式会社」に目を留めた。木原は在学中、アルバイトでラジオや電蓄を手作りして生活費を稼いでいた苦学生だった。いつも秋葉原の掘っ立て小屋のような店舗に並ぶラジオ部品を買っていた。

そこで知ったのは、技術レベルの高い電蓄のピックアップで商品名「クリアボックス」が秋葉原のラジオ街で東通工ブランドで売っており、木原もその性能に感心して、電蓄を作るときには買っており東通工は身近なブランドであった。

学内の求人掲示を見て、非常勤講師として大学に来ていて、授業が分かりやすくて面白かった井深先生が、実は東通工社長だったということが分かり応募することにした。

木原は移ったばかりの五反田の日本気化器の粗末な2階建て木造バラックの社屋で入社面接を受けた。面接官の樋口晃取締役が履歴書を見て、「君は機械専攻なのに、ラジオや電蓄が作れるなんて面白い人だね」と言ったので、木原は調子に乗って「5球スーパーも作れます」と答えるなど、取り留めもない雑談に終始した面接だった。

数日後採用通知が来て会社に出かけると「本採用の４月まで数か月あるから、その間会社に遊びに来なさい」と言われ、たびたび訪れた。井深社長とも話すチャンスがあり、現場も見たら「面白い仕事をさせてくれそうな会社だ」と強く実感するようになった。

１９４７年（昭和22）４月１日社員番号30番台の東通工初の大卒１期生として入社した。

いきなり技術者として最前線に立たされた木原

入社した当初の３カ月は木原の実力を試す期間だった。そこで与えられた仕事は生産された測定器の調整。木原は、電蓄やラジオを自作していたので測定器の調整など教えられなくとも苦も無くやって見せた。現場をいつも回って見ている井深は、彼の仕事ぶりを見て技術者としての筋の良さが分かった。

井深から直接任された木原の次の仕事は、ドイツで開発されたテレックスの原型の電送機・ヘルシュライバーを図面を頼りに完成させるというものだった。新人ながらいきなり本格的な開発をまかされた木原はやる気満々だったので、工作機械を駆使して歯車等の部品を自作し、電気部品を買い揃えて３カ月後の９月には試作機を完成させた。

短波放送に乗ってくるテレックスのアルファベットの通信を、これまた自作の短波受信器で傍受し、完成させたばかりの試作機に電文を印刷させることに成功。彼の仕事の速さには井深も驚いて「もう電文を受けちゃったの!!」とおもわず口に出たという。

わずか2年で日本初のテープレコーダを発売

次に木原に与えたテーマは鋼線式磁気録音機の開発だった。戦時中に日本電気は高周波バイアス録音法を使った鋼線式録音機を生産しており、日本電気の倉庫に放置されていたものを東通工が貰い受け、これをサンプルとして木原が図面化する仕事を任された。木原がサンプルを調べてみると内部の機構や動作は複雑で、記録再生の電気回路も斬新で、たちまち惚れ込んで夢中となり、数日ですべてを理解した。

そして井深と盛田に「これくらいの機械は難しくないのですぐにできます」と言いに来たので即座に木原を担当責任者とする鋼線式録音機の開発が決まった。

盛田はアメリカの友人を介して、日本電気製鋼線式録音機よりは小型のウエブスター・シカゴ製の鋼線式録音機のキットを手に入れて、これを組み立てて動かしてくれと木原に預けた。アメリカ製のキットは鋼線を駆動する機構部品だけなので、キットに同封されている配線図に書かれている電気的部品の大半は独自に手に入れないといけない。木原はこれを自作した。

録音機の配線はラジオなどとは比較にならないほどノイズ等の予測できない問題や現象を抱えていた。1949年（昭和24）2月にアメリカ製の鋼線式録音機のキットが完成したが、民生機器としては余りにも大きすぎるので、木原にさらに小型化して持ち運びできる製品に改良するよう指示をしたところ、木原は要望に沿う小型の鋼線式録音機を短期間で作り上げた。

次は磁気媒体の鋼線をどのように生産するかの検討を始めたところ、東通工にＧＨＱのアメリカ人技術将校が調査に訪れた。アメリカ人将校は、木原が作った鋼線式録音機の試作機を見て、アメリカではテープを使って録音する機械があるとおしえてくれた。

鋼線の扱いにくさに閉口していた技術陣は、目からうろこの話だった。テープならば軽量で磁気の塗布などで扱いやすく鋼線より将来性があると直感した。アメリカ人将校からテープの話を聞いたその日に木原は「磁性粉をテープに塗る方法をやってみましょう」と井深と盛田に言ってきたので２人は即了解した。

木原が会社の図書室で磁性粉が書いてある文献を探したら、たまたまＫＳ鋼の発明者、本多光太郎が書いた『磁石』の本を見つけた。手にとって読んでみると、「蓚酸第２鉄の粉末を乾留してガンマ・ヘマタイトにしてガラス管に詰めて突き固めると棒磁石が作れる」と書かれていた。

さっそく盛田に蓚酸第２鉄の購入を申し入れたところ、神田の薬問屋を知っているからと言って盛田と２人で出かけ、黄色い蓚酸第２鉄が入った試薬瓶を２つ買い求めることが出来た。アメリカ人将校からテープの話を聞いたわずか一両日後の電光石火の行動力だった。

試行錯誤の後、テープの素材に紙を使い、磁性粉をニスのような液体に混ぜてある漕の中に紙テープをさっと浸けて磁性粉をテープに塗りつける方法を木原が編み出し磁気テープ作りが出来るようになった。

一方井深は、NHKがアメリカからマグナボックス社製テープ式録音機を買ったとの話を聞きつけ、木原を連れて見に行った。

関係する東通工社員や役員全員に目指すテープ式録音機の完成イメージを共有させるため一日だけNHKから借用して東通工社内でデモを行った。これに皆は「百聞は一見に如かず」で誰もが納得した。

木原は既に完成している鋼線式録音機の鋼線の部分を磁気テープに置き換えた構造の日本初のテープ式録音機の試作品を、1949年（昭和24）9月に完成させた。テープ式録音機の量産の見込みがついて、商品名は『テープコーダー』と決めた。

翌年1月に据置型業務用のG型。2月に普及機A型の国産テープレコーダの試作機が完成しデモが始まった。この様子を毎日新聞記者が取材して毎日グラフ1950年（昭和25）3月15日号において東通工のテープレコーダの記事と写真が紹介され、大変な話題を呼んだ。

1950年（昭和25）5月、昭和天皇に1台献上され発売されたG型の値段は16万8000円重量45キロだった。G型の本体と同時に発売したオープンリールの磁気テープの商品名は「ソニ・テープ（Soni－Tape）」と決め、これがやがて『SONY』となり後の社名に結びつくきっかけとなっている。

トランクに入る小型化と普及価格帯を目指したH型を開発

井深はG型の開発のめどがついた1950年（昭和25）7月ごろに傍らのトランクを指さしながら木原に、「このトランクに入るぐらいのポータブルにすればもっと安くなって売れる」と木原に話した。すると木原は、「小型化普及価格帯を目指したテープレコーダの開発をやらせいただきます」と即答した。

すぐに木原はG型量産化はすべて製造部に移管し任せ、小型普及価格帯機に専念し2、3日後に組立図と試作機を2台作って井深に見せた。

井深はこれを基にして一気呵成に最終的量産図面を作り上げようと、精鋭の設計者や部品調達専門家など選出して「オフサイトの熱海の温泉旅館にこもって、衆知を集めて最終的量産図面をまとめる目処が付くまで、帰ってこなくてよい」と命じた。

熱海の近くの来宮の別荘に合宿した精鋭スタッフたちは、木原の組立図と試作機をもとに1週間でトランクサイズのポータブルタイプの小型テープレコーダの図面構想をまとめ帰社した。この成果をもとに、本社で試作機が完成したのは1950年（昭和25）7月。家庭用にとの願いを込めてホームを意味するH型と命名し同年12月に生産を開始。

1951年（昭和26）3月、満を持して重さ13Kgの軽量小型化したH型は販売価格84000円で発売するや否や、学校を中心とした教育現場で売れに売れ、テープレコーダ普及の立役者となるとともに、名実ともに東通工の屋台骨を支える基幹商品となった。

特許を盾にアメリカ製テープレコーダの販売差し止め訴訟に勝利

日本では1950年（昭和25）テープコーダーG型が発売され、初戦では営業面で苦戦したものの、更に普及機のH型が発売されると売れ始め、これを見た商魂たくましい輸入業者が交流バイアス録音法によるアメリカ製のテープレコーダを輸入して占領下の日本で売り始めた。

東通工は占領下の日本であっても、日本電気と東通工が持つ交流バイアス法の所有する特許法に基づく権利の行使は可能として、アンペックス社の代理人と称するアメリカの輸入業者に対して再三の警告後、店頭の輸入テープレコーダの仮差押えの特許訴訟を決意した。

アメリカの輸入業者はGHQに助けを求めた。これによりGHQのパテントセクションから東通工に対してGHQへの出頭を求められた。当時の敗戦国日本はアメリカ軍の占領下であったので、アメリカ製品に対する特許訴訟は占領軍のGHQに出頭して事前の説明が必要だった。

英語に堪能な東通工の初代社長の前田多門は出番が来たとばかり張り切って井深を同伴してGHQにおもむき、アメリカの輸入業者が日本の特許法に違反している事実を英語を駆使して説明した。この結果、訴訟に対してGHQの了解を取り付けることに成功した。

そして裁判所にアメリカ製テープレコーダは東通工の持つ交流バイアス録音法の特許を侵害しているとして、販売禁止と損害賠償金を求める訴訟を起こして日本で勝訴。外国から持ち込まれる録音機は10%の特許料を東通工が徴収できることとなった。

アメリカの他21か国の交流バイアス録音法の特許を持つアーマー・リサーチ社は自社の特許がアメリカで登録される以前に、永井特許が戦前すでにアメリカで申請されていることを知っていた。東通工が戦前すでにアメリカで永井特許が申請されていた事実をアメリカで主張すれば、アメリカ特許の先願主義によりアーマー・リサーチ社が敗訴となるのは明らかなので、東通工と和解契約に持ち込んだ。

この結果、アメリカで販売する東通工の録音機はアーマー・リサーチ社の持つ交流バイアス録音法の特許の無償使用権を認め、その上、他の日本のメーカーが録音機をアメリカに輸出するときには、アーマー・リサーチ社に払う特許料の半分を東通工に支払わなければいけないという和解契約を東通工と結んだ。

これにより東通工の録音機から得られる収益は、他社との価格競争によって損なわれることはなくなり、独占的ビジネスが出来るようになって高収益会社東通工が定着。創業以来初めて、借入金なしで次の開発投資に向けた闊達な資金を留保できた。これが次のトランジスタの開発投資につながったのだった。

まさに設立趣意書の経営方針第3項の最後の部分に書いてある、「他社の追随を絶対許さざる境地に独自なる製品化を行う」を如実に実行したのであった。このことで東通工は特許の持つ意味を熟知していた日本離れしていた中小企業だと評判になった。

東北大学にフェライトヘッド材料特許許諾と生産工場設立を丸投げ

軌道に乗ったテープレコーダビジネスには録音テープと消去ヘッドの性能に弱点があった。

東通工が売り出したクラフト紙をベースにした録音テープは声の録音には問題が無かったが楽器を伴う音楽の録音ではアメリカ製の「スコッチ」テープに比べて著しく劣っていた。

ある日、東北大学計測研究所の所長岡村俊彦教授から、研究所製の磁性粉を同封して共同研究の参加を求める手紙が送られてきた。

すでにG型の消去ヘッドを生産してもらっていた地元の東北金属も共同研究に参加していたので、井深は国内でいち早く高周波特性の良いフェライトの研究をしている東北大学の科学計測研究所（所長、岡村俊彦教授）との共同研究を1951年（昭和26）からはじめることをきめ、東工大を卒業して入社したばかりの盛田昭夫専務の実弟、盛田正明を仙台に派遣した。

1953年（昭和28）岡村所長は高性能のフェライ材料を発見して特許を取った。岡村所長は心臓病を患っており、企業との特許交渉は義弟でフェライトの製造技術面を担当する助手の高崎晃昇が担っていた。高崎は1954年（昭和29）には東北大学助教授に昇任している。

高崎は共同研究者の東北金属と東通工に新特許に基づくフェライトヘッドの材料を特許料6%で許諾する契約締結を求めて交渉を始めた。

共同研究をしてきた東北金属は契約締結に消極的であったが、東通工は井深が応対して言い値を丸のみする即決をなした。

そして高崎に対して、フェライト生産に適した地を選んで東通工のフェライト材料の生産工場を一から作るように丸投げで要請。その暁には東通工の仙台工場長として移籍して欲しいと申し入れた。

これには30代後半の高崎はビックリ仰天したが、井深の人柄に触れて桃太郎伝説の動物たちのように井深についていく決断をした。高崎が選んだのは仙台に近い多賀城だった。

1954（昭和29）年6月、東通工は多賀城の1万7千平米の旧海軍工廠跡地の建屋も含んだ土地を、宮城県工場誘致条例の第1号の適用を受けて5年間無償で借りることが出来た。東北大学助教授であった高崎は1954（昭和29）年5月に東通工に入社し、6月から東通工の初代仙台工場長に就任した。まさに井深が得意とする電光石火の展開であった。

こうして本社の御殿山の山の上にあった手狭なテープ生産工場を仙台に移転させて、東通工のテープとヘッドを生産する仙台工場が発足したのであった。

1955（昭和30）年、金属物理学の権威だった本田光太郎元東北大学総長の一周忌の仙台での記念会で高崎は、本田光太郎の弟子で強磁性結晶体の磁化で学位をとった後に東京大学総長となる茅誠司を井深に引き合わせている。

記念会の帰りぎわに井深が茅誠司に新設の仙台工場の見学を誘ったところ大変興味を示して、

もう一度日を改めてじっくりと見学させてほしいといって井深を驚かせ、日を改めて井深が仙台工場を案内し意気投合し懇意となった。

その後、茅誠司が東京大学総長に就任した1958(昭和33)年、井深は東通工の全国の小学校を対象にした理科教育振興活動を全面的に協力してくれるよう要請し、快諾を得て審査員を引き受けてもらっている。

社員の能力発揮を阻む障害物を取り除き、心のエンジンをかけるのが経営者の役割

井深は木原の入社3カ月で技術者としての筋の良さを見抜いて、日本初の民生用録音機の開発にチャレンジさせた。彼は期待に応えて日本初のテープレコーダは大きなビジネスとなった。

井深の能力主義の持論は、

第1に、頭の良さではなくチャレンジして成長したい意欲のある人に開発を任せること。

第2に、会社ができることは意欲ある技術者に、やりがいのある課題、道しるべを与え、それに向けて本人の心のエンジンがかかるよう、能力発揮を阻む障害物を取り除くこと。

この2点であった。

ある日のこと、木原が井深と二人で会社で打ち合わせをしていた時、社内放送で「工場の外に車を止めているナンバー00の車、至急移動させてください」とアナウンスがあった。

木原は社長の井深との打ち合わせの最中だったがあわてて井深に、「いま、会社の裏通りに止

めていた私の車を至急移動させるようアナウンスがありましたので、ちょっと行ってきます」といって社長の井深を置いて、車の移動のため席を外したことがあった。

当時、幹部は社内の駐車場に車を置けたが一般社員は置けなかった。そこで木原は早朝出勤の際には自家用車を使い、工場裏路地の公道に車を止めておいたのであった。

数日後、木原は社内駐車場を管理する総務部に呼び出された。彼はてっきり路上駐車のことで叱責されるのかと思い出頭したが、総務部の担当者は「今日から車を地下役員駐車場のこの場所に止めるようにしてください」と言われびっくりしたという。

また試作図面について井深との打ち合わせで、この試作部品はいつごろ手に入れられるのかとの問いに、木原は「私が発注図面を描いて青焼きに出した後、機械加工の部署に青焼きを渡して加工を急がせても10日ぐらいかかります」と答えたことがあった。

井深はすぐに工務担当者に「木原君の隣のフロアに機械加工の職人が常駐する旋盤、フライス盤をそろえた工作室を作るように」との指示を出した。

数日後、木原はこれまで必須だった発注するための青図を作らなくとも、口頭で隣の工作室の職人に「直径はいくら、表面加工はこれこれ。」と言うだけで部品が即時に手に入るようになった。木原はこうした井深の配慮に感激し、その期待に応えようと、ますます頑張ったのだった。

能力主義のマネジメント側のポリシーは、「あれこれと子細な指示を出すのではなく、技術者の能力発揮を阻む障害物を取り除くことで本人の心のエンジンがかかるようサポートすること」に尽きる。

余談であるが、松下幸之助は若かりし頃、宗教団体の立正佼成会の大会に行って、熱狂的な信者を見てあることを学んだ。社員は外面的な待遇や、職場環境を良くしても働く意欲には限界がある。宗教と同じく、世のため人のために自分が働いているとの実感（＝哲学）がなければ仕事に熱狂出来ない。経営者も、働く実感を、社員に持ってもらう努力をすべきと悟り、近代的家庭電化を、日本伝来の湯水のごとく人々に提供する松下電器のスローガン「水道哲学」がうまれた。

井深の場合は、新規の開発プロジェクトではメンバーに何のためにやるのかを説得してその気になってもらいさえすれば、心のエンジンがかかり不可能と思える研究開発の壁も突破して成功裏に終わることを体験で知っている。

これを「説得工学」と名付けているが説得されたリーダーたちは井深の説得工学を評して「人にやる気を起こさせる魔力を持った説得工学」と評している。

松下とソニー両者の伝説的名経営者の共通性は、社員の自発的熱意を生じさせるエンジンがかかる仕組みが企業経営に必須であることを知っていることである。

社員に熱意を以て働いてもらう配慮の欠如が、21世紀に入ってサラリーマン社長によって引き起こされている。停滞する日本の大企業病の原因がここにある。

米国でポケッタブルラジオとステレオ音響の2つの〝北極星〟を見つける

高学歴技術者に録音機の次に取り組む仕事を与える早急の課題

井深が戦前から戦中にかけて経営していた日本測定器は、メカトロニクス技術を得意として軍からの要請でハイテク技術製品を提供して貢献したが、戦後は井深の方針で官公庁向けでなくメカトロニクス技術を用いた消費者向けの機器を経営の中心に置くとの方針をとった。

１９５１年（昭和26）発売したメカと電気の典型的融合製品であるテープレコーダの普及品型Ｈ型が、大ヒットして全国の小中学校で視聴覚教育ブームとなり次々に買ってくれるようになった。Ｈは家庭用Ｈｏｍｅから名付けている。

永井特許によって価格競争から守られるテープレコーダは社員や東通工にとって将来的にも生活や経営が安定する仕事をもたらして、次なる投資資金の内部留保もできるようになった。

同年年末の井深の脳裏には、メカトロ技術のかたまりであるテープレコーダの開発をするため雇い入れた高専卒や大学卒の才能ある技術者50数名の人たちに、次の〝北極星〟を目指す目標を与えるという早急の課題があった。当時の日本社会では井深の父がそうであったように高専卒や、大学卒の技術者は、将来は会社の幹部となる人材と位置づけられていた。

井深は、1952（昭和27）年3月から3カ月間、アメリカ市場の長期視察によって次なる新技術の目標である〝北極星〟をアメリカで見つける旅に出た。テープレコーダの市場実態や現地製造工場見学、およびオーディオ業界の展示会など視察した結果、日本に持ち帰った〝北極星〟への道筋は次の2点であった。

①テープレコーダを2トラックで録音するステレオ音響の道筋
②アメリカで発明されたトランジスタを使いポケッタブルラジオの道筋

終戦7年目でのアメリカでの体験

1952（昭和27）年3月、井深のアメリカ視察旅行に際して、当時英会話が出来なかった娘婿の井深社長を気遣かって、既に公職に復帰していた義父の前田は親友であった大手商社日商の西川政一東京支社長に頼んで、アメリカで市場調査をする際に、通訳を兼ねて調査を手伝ってもらえる現地での案内人の手配をお願いしていた。

井深は出発前に日商の西川政一東京支社長に面会して、お礼かたがた出発の挨拶をした。

紹介してくれたのは日系アメリカ人で、戦前には日商アメリカ法人の社員で、戦後はニューヨークで株の仲買人をして、日商の代理人の仕事をしている山田志道であった。西川は井深に最初に日商ニューヨーク支店に行って山田と会って、アメリカでの3か月間の手筈の打ち合わせをするようにと親切な段取りをしてくれていた。

当時、占領国の日本は民間航空会社の運航はＧＨＱから禁止されていた時代であった。日本が独立したのは井深のアメリカ出張中の4月からであった。

3月、井深の乗ったアメリカ行のノースウエスト旅客機ＤＣ‐6は座席数36席で航続距離が5000ｋｍしかない4発プロペラ機だった。アラスカ州のアンカレッジまで直行できず、途中のアリューシャン列島のセミヤの米軍基地で給油をしなくてはならない時代であった。

アラスカでは、入国手続きのため乗客はいったん降ろされて入国手続きをするのであるが、順番は白人、アジア系、黒人と当時のアメリカでの人種差別の実態を井深は見せつけられた。

入国手続き終了後、飛行機はシアトルに向かった。シアトルでニューヨーク行の便に乗り換えるのであるが天候不順で欠航となっていたので、4日ほど航空会社持ちでホテルに待機させられた。

ニューヨークに着いて真っ先にタクシーで日商ニューヨーク支店に向かった。日系アメリカ人の山田は、外貨の持ち出しを厳しく制限される日本から来た井深のために、ホテル代を節約するためアパートの部屋を紹介してくれた。

彼に訪問したい工場やお店や展示会を言うと、すぐに相手先のアポをとって、連れて行ってくれる。人柄もよく現地の人との人脈も豊富で、産業界の事情も詳しく、井深は案内人として最適な人と巡り合った。

後に東通工の米ニューヨーク事務所代表者にもなって、その後アメリカ株式市場のへの日本初のソニー株上場など、山田志道夫妻とも後のソニーの米国ビジネスに多大な貢献をしてくれる人との最初の出会いであった。

シカゴのオーディオフェアで生まれて初めてのステレオ体験をして感動

アメリカに滞在してすぐの1952（昭和27）年3月。シカゴのヒルトンホテルで開催されていたオーディオフェアで出品されていたあるブースで、2チャンネルのテープレコーダの録音された音楽を左右の耳それぞれに受話器を当てて聞く立体音楽を視聴した。その時、井深は飛び上るほどの感動を体験したのであった。当時はステレオの概念が無く立体音楽との表現で、電話の受話器2つを両耳に当てての試聴であった。

その時代のレコードは全てモノラル音楽しかない時代だったので、井深は立体音源はテープレコーダを2トラックにして録音されているに違いないと確信した。ちなみにステレオレコード45／45方式がアメリカで発売され始めたのは6年後の１９５８(昭和33）年になってからだ。

すぐにでも木原にこのことを伝え、２トラックのテープレコーダを試作させねばと井深はあせった。井深は木原宛に「テープレコーダに2チャンネル記録すると素晴らしい立体音が再生できる」と短文電報で2チャンネルのテープレコーダの話を伝えた。

以心伝心の木原はこの電報だけで、「井深の帰国に合わせて試作機と視聴用2チャンネル録音済みのテープを用意しておけ」との連絡だと理解し、帰国時に合わせて試作機と録音済みテープを用意した。

新発明のトランジスタを使って
ポケッタブルラジオの新市場の構想を得る大成果

ニューヨークで滞在している宿に、日本に住む友人であるアメリカ人のラッセルが、手紙で「ベル研究所の親会社の製造部門を担当しているウエスタン・エレクトリック社（以後、ＷＥ社と略す）が、トランジスタの特許を有償で公開しているから、是非話を聞いてみるように」と知らせてきたのだった。

井深は3年前に日本の新聞で針接触式トランジスタの発明記事を見て、井深は鉱石受信機の鉱石というイメージでとらえて使い物にならないだろうと思っていた。ところがその後アメリカに来て、既に針接触式から接合型に進化して非常にコンパクトな素子となっているのを知って、将来使い物になるようなると思うようになっていた。

そこに具体的に有償で公開しているとの話を知らされたので、井深はせっかくアメリカに来たのだからコンタクトして話を聞いてみようという気になった。

井深は早速、アメリカ在住の元日商社員の山田志道に頼んで話を付けてもらいトランジスタを生産するWE（ウエスタン・エレクトリックの略称）社を訪問した。

しかし、その日は特許許諾の権限を持つマスカリッジ特許部長との面会は出来なかったがトランジスタ製造部門の担当者から、「既に12社が特許使用権を購入して、そのうちの6社の大企業が実際にラジオに使える高周波トランジスタの試作をやっているが、どこも苦戦をしている。ラジオに使うのは無理で、補聴器ぐらいしか使い道はない」との貴重な情報を得ることが出来た。

これを聞いた井深は東通工が飛躍するチャンスと逆転発想をしたのであった。技術力を持つアメリカの大手企業12社が特許権を買って、未だに真空管に取って代わる性能の高周波トランジスタの開発に1社も成功していない状況なら、東通工で使用権を買って高周波トランジスタに挑戦すれば技術で世界最先端に立てるチャンスがまだ残っていると考えた。

その時、ふと井深が思い浮かんだのは、昭和初期の学生時代に読んでいた「無線と実験」の雑誌にマンガが描かれていた腕時計型ラジオの夢物語だった。井深は、よく社内の技術陣に「雑誌やマンガに掲載される若者向けのたわいのない夢物語は、研究者にとって次世代のイノベーションにつながるヒントが秘められている」と語っていた。

真空管の20分の1のサイズで、しかも電池で増幅ができれば、屋外で身に付けてラジオが聞けるようになる。「そうだ！　今トランジスタを使ってやるべきことはポケットに入る小型ラジオだ！」と井深はトランジスタの具体的応用分野を瞬時にイメージし、テープレコーダの次に東通工が目指す〝北極星〟を見つけたのだった。

接合型のトランジスタは当時２種類のものが研究されていた。一つはＷＥ社で研究している高周波化が期待できるが製造が困難なグローン型トランジスタ。もう一つはＲＣＡ、ＧＥが開発した製造がしやすいが高周波化が困難なアロイ型トランジスタであった。

結局、アメリカでの当初の出張目的であったテープレコーダの市場と現地工場の視察旅行は、テープレコーダ製造工場の見学は同業者である井深の見学は拒絶されたが、立体音響を可能とするテープレコーダの新用途開発のアイデアとテープレコーダの次はトランジスタを使ったポケットに入る携帯ラジオを目指そうのとの２つの構想を得る大収穫があった。

ＷＥ社に支払うトランジスタ特許使用料は２５０００$、当時のレートで９００万円かかるので通産省に外貨使用許可を受けなければならないこととなった。

日本にステレオ音響の素晴らしい〝北極星〟を持ち込んで元祖となる

井深は1952年（昭和27）6月日本に帰国するや、真っ先に木原のいる職場に駆け付けた。木原はアメリカ滞在中の井深から「テープレコーダに2チャンネル記録すると素晴らしい音が再生できる」との電報連絡を受けるや否や、まず、手持ちのエコーマシンを研究するために色々な位置にヘッドを配置して遅延した音を記録する実験に用いていた放送局用KP－2型テープレコーダに、マイクロフォンを2つをつないで、2チャンネル録音できるようわずか1日で改造した。

次に、これにかけるステレオ音源を録音したテープを作る為に、木原は樋口取締役に楽団の演奏しているところを紹介してくれないかと相談した。

その結果、樋口取締役は販売部門の人たちが接待で使っていた当時銀座で著名な「エーワン」というキャバレーで毎晩8時から楽団が演奏するのを木原たちが録音できるように話を付けてくれた。

以下は**木原信敏『ソニー技術の秘密』（ソニーマガジンズ刊）**の抜粋。

「そこでマイクロフォンを開発していた中津氏と2人で昼間に器材をキャバレーに運び込みマイクスタンドを2本立てて、キャバレーが開く8時まで待機していた。中津さんと私はキャバレーで遊んだ経験がなく、初めてだったが、演奏が始まって2、3曲ためし録音してコツをつかんだ。その後はキャバレー初体験を楽しみながら、ダンスミュージックの10曲ほどの演奏を録音させてもらった。これが日本で初めての記念すべき生録となった。

夜10時に撤収して器材を会社に持ち帰り、用意してあった2つのスピーカーにステレオ録音機を接続して早速再生した。今までにない言葉では表せない感激を味あわせてくれた。ついには床に座り込み、飽かず聞き惚れ、時のたつのも忘れるほどだった」

帰国後の井深は木原の職場で生録したダンスミュージックに聞きほれ、「アメリカで2つの受話器で聞いた以上に素晴らしい。これをもっと大勢の人に聞いてもらうぞ！」とその後は、井深はお客が来るたびに試聴させ感激させた。

木原はその後、NHKの交響楽団の演奏もステレオ録音させてもらっている。

1952年9月13日の朝日新聞に「立体録音時代来る」と題した次の記事が掲載された。

「アメリカの通信工業会を視察、去る7月帰国した東京通信工業井深社長が渡米中に立体録音のヒントを得て試作したもの。今までの録音はひとつのマイクから取るのでいわば片耳で聞くようなものだが2個だと両耳で音を自然に選り分け、方向感、立体感が出てくる理屈。2個のマイクに入った音は1本のテープにそれぞれ録音され、再生にも2個のスピーカーが使われる。…試聴した音響学の科研所員田口氏は『まるで音楽風呂に入ったようだ』と語った」

井深も仲間に入っていた熱烈な音楽愛好家たちのグループの中核的存在であった東大仏文科出身の仏文学者・中島健蔵は、木原の録音したステレオ音響を聞いて、「機は熟した」として1952年（昭和27）10月にオーディオ協会の前身、オーディオ学会を設立。

井深が視察してきたアメリカのオーディオフェアの日本版として井深の持ち帰ってきた立体音楽録音などを大衆に公開する、第1回オーディオフェアを同年12月に都立の電気試験所を会場に開催した。

協賛事業として、同年12月5、6、7日の3日間、NHK本放送の終了後の深夜0時15分から1時までの45分間、第1放送と第2放送を使ってNHKの立体音響放送を全国に放送した。器材と音楽ソフトは木原が改造した放送局用KP－2型テープレコーダをNHKに持ち込んだものを使った。

試験放送予告はNHKの放送で全国の音響マニアたちに周知徹底していたので、多くの人が全国でラジオを2台用意して待ち構えていた。放送が始まると、最初に、左右の音量を分けて放送して順次第1放送、第2放送と同じ音量に調整させる指示をした。その後視聴者たちは今まで聞いたこともない臨場感あるＮＨＫ交響楽団などの音楽が流れるのを聞いて、感動した人達から大きな反響がＮＨＫに寄せられた。

ＮＨＫはこの実験放送が予想外の評判を得たので、翌年から再三繰り返すようになり１９５６年（昭和31）４月から「立体音楽堂」という定時番組の放送に発展した。

立体音楽等を紹介した第1回日本オーディオフェアも成功裏に終わり、主催したオーディオ学会は１９５６（昭和31）年5月に名称を日本オーディオ協会として中島健蔵が引き続き会長を長期にわたり務めた。１９７９年（昭和54）年からは71歳の井深が第2代オーディオ協会会長に就任して13年間務めた。そのあとはＣＤＰを世に送り出した功労者の元ソニー常務取締役だった中島平太郎が後を継いだ。

以上のように１９５２（昭和27）年井深が44歳の時、日本に初めて2チャンネルステレオ録音テープレコーダを先駆けて試作し、その後は低価格モデル以外、全て2チャンネルステレオ録音再生ができるテープレコーダが長く発売され続けてきた。

その27年後、ソニーを引退していた井深名誉会長が71歳の時に、屋外でステレオを楽しめる再生のみのウオークマンを井深が発想してソニーから1979年に発売させた。井深の発想法が、経営者としての決断ではなく、トップ自身の好みを主体に置いて、出来るか出来ないかではなく、自分が感動した好きなものを具体的イメージして皆で共有して、ゴールである〝北極星〟をめざして一丸となって実現させる。

井深が口癖のように言っている心のエンジンをかける魔力を持った「説得工学」で、開発陣の皆にゴールである〝北極星〟を納得させた上で、トップ自身が陣頭指揮して資金等のリソースを集中させることで素早く現実の新製品として世に出す。このやり方がソニーの創業期に世の中になかったものを一気呵成のスピードで次々に実現し続けたソニー神話の本質なのである。

デジタルオーディオの生みの親であった中島平太郎元ソニー常務は、「井深さんは音楽を聴くことにかけては、人後に劣らない人であった。口ぐせは『音だけ聞いたらあかん！　音楽を聴かなきゃ！』だった。人間の体や心のありようも含めて、ソニーから出すオーディオ機器に盛り込むべきとの持論である」

井深はカーマニアで若い時から外車を乗り回していた。高級車はドアのしまる音まで「バタン」と閉まるのではなく「カチッ」としまるよう高級感を出すように配慮している。東通工で最初に出したトランジスタラジオもボリュームの操作で音量0の所で電源が切れる位置に板バネを付けて「カチッ」とする音を要求した。これが井深の「日本製品には必ず使う人への心配りがなされている」との具体例である。

だからソニーのトップに、扱う製品やソフトについて「好きこそものの上手なれ」との目利きが出来る人がいなくなると業績がジリ貧に落ち込むのである。

井深は「決断」という言葉を嫌う。「決断」は「蛮勇」や「他社がやって成功しているから決断する」とのニュアンスにつながるからだ。

「やって見なければ分らないが、成功するかもしれないのならやって見よう」という世の中にないものや、人がやらないものを目指す井深の経営志向と「決断」は根本的に異なるのである。

トランジスタの特許権購入時の外貨使用をめぐる通産省との争い

WE社とのトランジスタ特許使用の仮契約成立

井深は帰国した後も、引き続き山田志道にWE社の特許許諾の権限を持つマスカリッジ特許部長と交渉してもらうように依頼して1952年（昭和27）6月に帰国した。井深がアメリカから帰国してから、通産省にトランジスタの特許使用権を購入するため外貨25000$の割り当てもらうように通産省に行って担当者に打診した。ところが、けんもほろろの高飛車の対応を受け追い返されるような扱いを受けた。

井深は、外貨使用の許認可を握る部署の役人が、新規参入会社の役員に高飛車に応対するのは当たり前で、時には裏金を求めるサインである場合もあることは噂で知っていたが、この時はまだマスカリッジ氏からの許諾の話は山田氏から来ていなかったので引き下がった。

翌年1953年（昭和28）6月ごろに山田志道がマスカリッジ特許部長と面会して、特許許諾に向けての交渉をすると、東通工が独力で録音機やテープ記録媒体をやり遂げた会社であることを高く評価して、東通工に特許許諾するとの決定をしてくれたとの連絡が入った。

そこで盛田昭夫が1953（昭和28）年8月に欧州経由で訪米して日本の通産省が25000$外貨使用の許可を出した後に本契約をするとの付帯事項を付けた特許使用権仮契約を成立させたのであった。

仮契約成立後にWE社からショックレーの「Electronics and Holes in Semiconductors」という社内テキストと、ベル研究所の人たちが書いた「Transistor Technology」の本をそれぞれ3冊をもらって9月に帰国した。

通産省の外貨使用許可を巡る攻防

盛田の帰国後、井深が再度通産省に行って、特許使用権仮契約をしたことを伝え外貨使用の許諾を求めたところ、火に油を注ぐ事態となった。

「事前に相談にも来ないで、勝手にアメリカの企業と仮契約をした」と怒り狂って、絶対に東通工に外貨の割り当てをしないと不許可を言い渡された。

ところが、数か月後の新聞に、通産省での外貨割当汚職問題が発覚して、通産省の審議官が逮捕されたとの報道がなされた。関係者に問合せして、外貨割当汚職問題によって、許認可権を握る通産省の部署の担当者が全て交代する組織変更がなされたことを知った。

そこで東通工の渉外を担当していた笠原功一が改めて通産省重工業局電気通信機械課に行って審査を担当している新任の四元徹郎技術係長と面談した。笠原が詳しいトランジスタの技術的内容を答えられなかったので東通工の技術専門家を連れてくるように求められた。

翌日、井深社長自身が四元徹郎技術係長の元をおとずれ、トランジスタの図を示して動作理論が素人にもわかるような説明をしたので四元係長は感銘を受け、その足で産業資金課に行ってすぐに認可が下りるように手配してくれたのだった。

新たな審査窓口の四元技術係長の働きで以前の不許可処分を撤回してくれる幸運に恵まれ、翌年の1954年（昭和29）2月に東通工に外貨使用の許可が下りることが決まった。

これには後日談がある。許可に奔走してくれた通産省の四元技術係長が、翌年に松下電器に天下りするとの話を聞きつけた井深が、急いで四元氏の上司である古庄源治通産省電気通信機械課長のもとを訪れ「四元さんを是非、東通工に」と直接申し入れたのであった。

審査面談の時に井深の人柄を知っていた四元本人が、井深社長自身がわざわざ役所に出向いてくれたことに感激して、上司に松下電器より東通工行きを希望したので、1955（昭和30）年1月に東通工に入社することになった。

四元は鹿児島出身で東工大電気工学科を卒業後、商工省（その後通産省）に入省した技官であった。ソニーでは、渉外、特許、海外業務などに携わり、1973年（昭和48）にはソニーの常務取締役に就任している。

半導体へのパラダイムシフトの先頭に立った日本の電子立国

真空管から半導体へのパラダイムシフトの先きがけトランジスタの発明

トランジスタの発明の原点は次のような点であった。

ベル電話会社がアメリカ全米に電話網を施設する際に、膨大な数となる中継点で通話信号を増幅する必要があり、電力を喰い寿命も短い真空管で増幅をすると、すべての中継点を合わせた使用電力は膨大となり、短命のためリペア用真空管の在庫も膨大となる為、使用電力が少なく、寿命が長い真空管に取って代わるものを早期に研究開発する課題がベル電話研究所に求められていた。

1948年6月30日にトランジスタの発明を公表するプレス発表がなされ、会場でトランジスタ11個を搭載した25Wの音声出力を出すスーパーヘテロダイン受信機のデモがなされた。ニューズウィーク誌は「真空管に代わるトランジスタが発明された」と同年7月12日号で第一報を報道した。

2か月後の9月6日の第二報では「ベル電話研究所の科学者たちは、全国のラジオメーカーから、発明した真空管の代用品についての問い合わせに忙殺されている」「米陸海軍では、これまで戦場で使っていた、重くて大きな携帯無線通信機の小型軽量化のプランを練っている」「ベル電話会社の製造部門であるWE社ではトランジスタの量産工場のプランを練っている」等、産業界全体がトランジスタの発明に熱中している様子が報道された。

しかし、WE社ではトランジスタの製造を3年間頑張ったけれど、結局、量産できるほどの歩留まりが向上せず、トランジスタの製造販売による収益は製造部門からは期待できないことがわかり、特許使用権を25000$の有償で公開して少しでも稼ぐことを1951年末に決めたのだった。

トランジスタの商用化生産がWE社で行きづまっていた中、ショックレー、バーディン、ブラッテンの共同発明者3人がトランジスタの現象を学会で発表すると、すぐに全米の量子力学、物性理論の全てが総動員されて、従来の電磁気学に支配されていた世界から、新たに固体物理の世界にパラダイムシフトがなされることが理論的に明らかにされた。

研究者の世界で、その後の半導体によるパラダイムシフトのきっかけとなったトランジスタが重大な発明であることがわかり、1956年ノーベル物理学賞をショックレー、バーディン、ブラッテンの共同発明者3人が受賞することとなった。

トランジスタ開発責任者の岩間和夫の活躍

井深が1952年（昭和27）6月アメリカ帰国後、当時製造部長をしていた盛田の妹婿の岩間和夫に、だれをトランジスタの開発責任者にしたらいいかを相談したところ、自分は物理学を専攻しているので是非トランジスタ開発の責任者をやらしてくれと自薦してきた。

1953年（昭和28）9月に盛田が持ち帰ったWE社のトランジスタ関係の参考書などは、盛田の義弟、岩間和夫をプロジェクトリーダーとするトランジスタ開発チームがこれらを読みこなして、おおよそのトランジスタ開発の概念をつかんだ。

通産省の外貨割当のめどがついていた1954年（昭和29）1月に、トランジスタ開発チームの責任者岩間和夫（当時取締役）は井深とともに渡米して、2人ではじめてWE社のトランジスタ製造工程を見学した。井深はトランジスタの仕掛品ばかりが目につく製造工程を目の当たりにして難しそうだ思った。

岩間はそのまま4月半ばまで現地に滞在して、WE社の製法を学んだ。写真撮影等は許されず、装置の構造や作り方を熱心に質問し、ホテルに帰って図面やメモにしたためたレポートにまとめ、その都度、手紙で定期便のように数多くの岩間レポートを東通工に送った。

岩間が帰国したとき、トランジスタチームは送られてきた岩間レポートをもとに、岩間の帰国前にポイント・コンタクト・トランジスタを作り上げて発信させるまでやりとげていた。

その後、会社方針としてWE社が製造に取り組んで歩留まりに苦戦していたもののラジオ用の高周波特性に対応できそうなグローン型トランジスタを開発することを決めた。

真空管ラジオの部品メーカーを巻き込んで極小部品開発を依頼

トランジスタラジオといえども、真空管ラジオで使っているバリコンや抵抗、コンデンサ、ボリューム、スピーカーといったラジオの機能部品もトランジスタ並みに極小部品化しなければば、ポケットサイズのラジオは作れない。

井深は樋口取締役を下請け部品メーカーへの開発依頼の責任者にして、井深と手分けして1年後には大きなビジネスになりますと約束した上で、真空管ラジオの部品を作っていた部品メーカーを回って、極小部品化したものを開発してもらうよう依頼した。

しかし、多くの会社は極小部品などは作ったことが無いため、樋口や井深に対して「まずは自分で試作した見本をもってこい」と相手にされないことが多かった。

東通工はトランジスタの開発に注力しており、極小部品を試作するパワーはなく、部品一つ一つを専門部品屋に丸投げしてお願いするしかなかった。

そうした中で、新聞広告に「なんでも小さくします」との三美電機製作所の広告を見た。井深は目黒区大岡山の2間しかない土間に旋盤を置いてある小さな工場を訪ね、社長の森部に面会し極小バリコンをお願いした。

森部は井深と一緒になってバリコン板との間に絶縁物を挟んだアイデアで極小バリコンを開発してくれた。その後森部は極小ポリバリコンをトランジスタラジオメーカー向けの主力商品に発展させ社名もミツミ電機に変えて、国際的企業に成長した。

スピーカーはフォスター電機の篠原社長の所に行って1年後には相当な量に注文を出せるから極小スピーカーを作ってくれるように説得した。最初は「何ミリといった極小スピーカーなんて作ったこともないし、作れたとしても音は悪いに決まっている。作れば自分の会社の恥になる」と罵倒されながらも井深は食い下がって説得した。

今では篠原社長は「そんな失礼なことを井深さんに言った覚えはない」と言い張っていたが、井深は決して忘れることが出来ない思い出だという。

こうした苦労をしながら、創業したばかりのアルプス電機や、通信技術に定評のある帝国通信工業などを回ってポケットサイズのトランジスタラジオに使う極小部品一つ一つを供給してもらえる部品メーカーを開拓して行った。この井深らの努力でトランジスタラジオ用極小電気部品の供給のインフラが日本でととのったことによって、後から追いかけてくる日本の大手電機メーカーや香港や台湾の新興メーカーも日本からの部品供給によって簡単にポケットサイズのトランジスタラジオを欧米に輸出する国際企業となって稼げるようになった。

今では、ラジオと同じ無線機である世界各国の携帯電話では、当時の井深たちが試作をお願いしたトランジスタラジオの日本の極小部品メーカーが、世界に製造拠点網を持つ国際企業に成長し、原理は無線機であるスマホ向けでも機能は同じ極小部品を、今現在も世界に供給し続けて繁栄している。

井深の設立趣意書の経営画方針の第５項に記載した「従来の下請工場を独立自主経営の方向へ指導育成し相互扶助の陣営の強化を計る」を文字通り実践して日本の電気部品メーカーを世

界企業として飛躍させたのも井深の功績である。

『技術でいきる！』松浦元男・岡野雅行著（2003年ビジネス社刊）には、「当時の井深さんが現役だったころのソニーは、私たち部品メーカーにとって日本のプライドだった」と記している。

「日本の部品メーカーが国際企業に飛躍して欧米に現地工場を展開した時に、現地に持っていくお土産は、ソニーのウオークマンや、ソニーのテレビで『日本にはこんなすごいものを作る会社があるんだ』と自慢できた。

当時のトヨタが世界の自動車産業で30位ぐらいの時に、日本人が世界に誇れるものは家電製品で、中でもソニーは海外に進出していった日本人のプライドだった」と記している。

改良型TR－55は日本初のプリント配線基板を導入するなどの小型化に必須な配線基板のノウハウを持つ下請け部品メーカーは日本には無かったので、リージェンシー社が用いていた配線基板の電解銅箔を供給していたアメリカのラバ＆アスベスト社から接着剤付の銅箔を輸入して、新設した羽田工場で日本初のプリント基板の自作をすることにした。

世界初の栄冠をアメリカ企業に８カ月差で取られた無念

ＴＩ（テキサツ・インスツルメンツ）社はグローン型トランジスタを研究していたベル研のエンジニアをスカウトして、ＴＩ社でラジオ用の高周波トランジスタを低歩留まりであっても数量を限定する外販を可能とする域までの生産を達成していた。

リージェンシー社は、ＴＩ社からのラジオ用のグローン型トランジスタを使い世界初のトランジスタラジオを１９５４（昭和29）年12月にアメリカで発売した。

東通工は１９５４（昭和29）年９月、茜部の生産技術チームがグローン型製造設備を完成させ、５カ月後にＮＰＮグローン型トランジスタの生産試作に成功した。これらを使い１９５５（昭和30）年３月、代理店などに新製品を売り込むためのトランジスタラジオのサンプル機ＴＲ－52を完成させた。

盛田昭夫はこれをもって渡米し、時計などを全米で売っていたグローバ社から、10万台の引き合いを取るほどの需要の感触を得たが、グローバ社のブランド名を本体に付けるとの条件を指示させられたので破談とした。

このサンプル品は、後にラジオの外筐が日中の高温度の自家用車内で変形するトラブルが発覚したので、破談にしていなければ莫大な損害賠償を負うところであった。

1954（昭和29）年10月末、宣伝を兼ねて東通工はゲルマニュウムトランジスタ部品の展示即売会を三越デパート本店で開催した。トランジスタを応用した時計、試作1号機のトランジスタラジオ、補聴器などの試作品を展示した。ゲルマニュウムトランジスタ4000円、1個320円のダイオードも用意していた。それを買って帰る人がいたので、井深は「何に使うのだろう？」と驚いたという。

改良型TR－55は日本初のプリント配線基板を導入するなどの全面的改良をして東通工の製品カテゴリーのブランド名「SONY」を初めて名付けた。1955年8月、日本初のトランジスタラジオとして18900円で発売された。リージェンシー社から遅れること8カ月であった。

井深は、通産省の外貨許可の引き伸ばしが無ければ、東通工が世界初の開発者との栄誉を得られたのにと悔しがったが、TR－55の初期の性能と値段18900円は、真空管ラジオより音質が悪く、値段も高いので売れるという確信は持てなかった。

一方、トランジスタの歩留まりは5％の段階ですぐに改善されるとの期待で、井深は完成品の発売に踏み切ったものの、歩留まりは10％以上には向上せず選別して良品を選ばねばならず、しかも生産ラインで個々のトランジスタの特性に合わせて、性能を水準以上とするためには12種類用意した発信コイルの中から組み合わせを選ぶという生産上のネックを抱えていた。

この低歩留まりのため、テープレコーダによってもたらされた開発資金が底をついて、三井銀行から度重なる融資を仰がねばならない状況に陥った。トランジスタ生産責任者の塚本は井深社長から歩留りの停滞について「お前は会社をつぶすつもりか！」と迫られることがたびたびであった。

井深社長から、歩留まり向上と同時に真空管ラジオ並みの音質をもたらすトランジスタの改良をもとめられた塚本は背水の陣を敷いた。リンのドーピング技術導入によりＩｎＰ（インジュウム・リン）の化合物によるゲルマニュウムトランジスタを完成させることにより歩留まりと音質性能の大幅向上に成功した。

こうして大幅に音質性能や小型化を向上したゲルマニュウムトランジスタを搭載した、日本初のポケットサイズ・トランジスタラジオＴＲ－63は、従来の半分の省電力化をも達成し１９５６（昭和31）年４月に１３８００円で発売された。

アメリカ向けは輸出価格39・５＄で売り出され、年末のアメリカのクリスマス市場で爆発的な需要を呼び、品切れが続出。急きょ日本から何度も空輸で送らなければならないほどであった。

世界初のトランジスタラジオを発売したリージェンシー社は、部品の意供給先のＴＩ社から、性能を向上させるトランジスタの供給が得られず、アメリカ市場での地位を東通工に奪われて撤退して、民生品応用分野では世界でソニーだけがトランジスタ先進企業となった。

世界初の短波との2バンド、続いて世界初のFMとの2バンドへ商品を拡充

井深によれば、東通工の発展とは、常に商品志向の開発であり、そのたびに最先端のトランジスタ技術のさらなる開発を必要としたのであった。

短波ラジオの視聴者は、主に東京や大阪の証券取引所の株式市況を聞くために唯一リアルタイムで全国向けに中継するNSB日本短波放送を聞いていた。NSBとは日本経新聞社短波放送の略称で1954（昭和29）年8月27日に発足している。

井深は、この確実な需要が見込まれる短波放送市場向けに、屋外でも短波放送が聞ける世界初となるAM／SWの2バンドトランジスタラジオTR－62を、1957（昭和32）年8月に発売した。この生産対応はTR－63で使用しているトランジスタの中で基準性能が出ずにふるい落とされたものを選別して使えたので、大変いい商売をさせてもらったと振り返っている。

次に目指したのは世界初のAM／FMの2バンドトランジスタラジオだったが、更なる高周波トランジスタ開発を必要とした。ちょうどそのころアメリカで高周波特製の良いメサ型トランジスタが開発されたとのニュースが入り、この情報をヒントにして塚本はPNPグローン・ディフュージョン型トランジスタの開発に取り組み、1958年5月この試作に成功した。

１９５８年11月、輸出用として世界初のＡＭ／ＦＭ・２バンドトランジスタラジオＴＦＭ－１５１の販売を開始した。

１９６０（昭和35）年には、トランジスタラジオの商品群が拡充したことで。手狭となった五反田本社にあったトランジスタ生産場所を厚木の新工場に移転して、更なる増産を実現させた。

シリコンを使った世界初のテレビ用トランジスタの開発

テープレコーダからの収益を食いつぶして、新たな借金までして開発してきたトランジスタビジネスが、真空管ラジオ並みの音質をクリアしたＴＲ－63の大ヒットによって、東通工のトランジスタラジオビジネスが軌道に乗り安定した収益源となった。余裕の出来た井深は香港のトランジスタラジオ工場を視察した。

ところが香港で見たものは、井深たちが日本の独占だと思ってやっているシンプルなＡＭトランジスタラジオが日本よりはるかに安いコストでどんどん造られ、日本に比べ１ケタ上回る月産20万台以上の規模で欧米へ輸出して、世界市場に向けて価格競争を仕掛けている実態に目を見張った。井深はＡＭラジオなどのシンプルな製品の安価な大量生産は日本よりはるかに東南アジアの新興国・香港の方が適している事実を認めざるを得なかった。

日本が開発したものはすぐに真似されて、香港や台湾から安価なものが出て来ることは甘受せざるを得ない。やさしいものは香港や台湾に任せると言う覚悟で、日本は難しいものの生みの苦しみを通してでなければ伸びる道はないと悟った。

そこで井深は帰国してすぐに、ラジオの次はテレビのオールトランジスタ化を目指すと宣言してゲルマニュウムを使うトランジスタテレビ用の高周波トランジスタの試作を始めた。ゲルマニュウムトランジスタをたくさん使ったマイクロテレビを試作したところ、丸い形であるはずのテストパターンが三角形お結び型となってしまう不具合が出た。テレビの画面は電子を高圧で偏向させて画像を蛍光面に描くため、高電圧に弱いゲルマニュウムトランジスタでは、まともな偏向画像を期待できないことが分かった。

当時高圧の電気を直流や交流に変更する整流器に用いられていたサイリスタと同じシリコンを半導体として使わないと、高圧の電流が流れるテレビには使えないことがわかった。

それならシリコンのトランジスタをやって見よう、ということになりシリコントランジスタの開発が始められた。

1957年10月、ソ連が人類最初の人工衛星スプートニクの打ち上げに成功して世界に大変な衝撃を与えた。これに対抗するためアメリカでは軍事用のコンピュータやミサイルに搭載する高温の中でも駆動するトランジスタの需要が巻き起こっていた。その結果1958年新興のフェアチャイルド社でシリコントランジスタの製造が始まった。

融点が９６０℃のゲルマニュウムの結晶は電気会社のソニーでも自製できたが、融点が１４３０℃で純度を99・99％以上の小数点以下何桁という所までの精製を求められるシリコン結晶の量産化は、電気会社の手に及ぶところではなかった。

アメリカが軍事用に使っているデュポン製などのシリコン単結晶材料を取り寄せたところ１グラム３４００円もした。これでトランジスタを作ると１個数万円となることが分かった。

井深はまたもや逆転発想をした。ゲルマニュウムの原料はアフリカに偏在しておりそれなりに高価であるが、シリコン（ケイ素）は地球上どこにもある安価な原材料なので、輸入せずに日本で調達できる。さすれば材料工場を日本でやればゲルマニュウムよりシリコントランジスタの方が安くなるはずであると。

そこで、99・99％以上の小数点以下何桁という所までの精製を求められるシリコン結晶の量産化は化学を専門にする会社に頼むしかないと考えた。

井深は遠い親戚であった新日本窒素肥料株式会社の白石宗城社長を訪ねて、「今トランジスタ材料として使われているゲルマニュウムにとってかわる熱に強いシリコンがトランジスタの主流材料となる時代が来るので、化学が専門の新日本窒素肥料で将来性のあるシリコンを作ってくれないか」とシリコンの事業化を正式に依頼した。

新日本窒素肥料でも副産物で使い道のない塩素を使って金属の結晶を生成する新たなビジネスを模索していたところでもあり、ソニーと組んで副産物の塩素を使ってシリコン結晶を共同で作ることとなった。

白石社長は千葉県野田市にある4万5千坪の土地を使い1958（昭和33）年12月、新工場を竣工させて製造子会社日窒電子化学（株）工場を稼働させ、アメリカのデュポン社で成功していた四塩化シリコンの亜鉛還元法を用いてシリコン単結晶の生産を立ち上げ、ソニー1社に提供し始めた。

後年、この会社は世界の半導体メーカーにLSI用のシリコンウエハーを供給する日本発の国際企業である株SUMCO（2005年8月三菱住友シリコンから商号変更）となって、以来通算60数年間も世界の半導体メーカーにシリコンを供給し続けている。


1960（昭和35）年、塚本は日窒電子化学から供給されたシリコンを使いテレビ用シリコントランジスタを完成させ、同年5月に世界初の8インチトランジスタテレビTV8-301を69800円で発売した。しかし発売後の初期不良でシリコントランジスタが壊れて返品される数も多く苦難が続いた。

発売直後のタイミングで、ベル研が通信用トランジスタとしてシリコンのエピタシアル結晶を使ってシリコントランジスタ性能を改善したとのニュースがとびこんだ。すぐに塚本は、同年8月には早くも自社でエピタシアル結晶を作り、垂直偏向用とビデオ出力用のメサトランジスタに応用してエピシアル化したシリコントランジスタの置き換えに成功した。これでようやくマイクロテレビの完成品の性能が安定した。

１９６２（昭和37）年5月、５インチマイクロテレビＴＶ５－３０３型が発売され、ニューヨークでは10月１日に新設のショールームに展示されたがわずか４日間で在庫が底をついて売りきれた。

アメリカではキャンピングカーを使ったレジャーが普及しており、それまで、キャンピングカー内でテレビを見られなかったのが、電池駆動の世界初の5インチマイクロテレビで見られるようになり空輸で対応するほどアメリカ市場で大変なブームになった。ソニーは再びＴＲ－63以来の大ヒットを5インチマイクロテレビで達成した。

世界規模で大きな需要がある多くのテレビ完成品メーカーから、テレビでの省電力化を実現するシリコントランジスタ部品需要は一気に拡大した。ソニーにしか作れなかった為、ソニーはシリコントランジスタ部品の外販を加速させソニーに更なる高収益をもたらした。

21世紀にもＬＳＩなどの材料として今も使われているシリコン材料を１９６０年から世界に先駆けて民生用にシリコンを使いこなし、名実とも当時は世界一の半導体メーカーの先駆者としてソニーは欧米の各半導体メーカーからも敬意を表される会社とされていた時代があったのだということを忘れてはならない。

井深がリタイヤし名誉会長に退いた後は、ＬＳＩの熾烈な競争下のもとでトランジスタ時代には世界一だった過去の栄光から、ＬＳＩ時代になるとソニーの半導体は輝きを失っていった。

失敗から生まれたトリニトロンが世界の家庭のライフスタイルを変えた

ＮＨＫのテレビ受信契約５００万軒を突破した１９６０年（昭和35年）、ＮＨＫがカラーテレビ本放送を開始。ＲＣＡのシャドウマスク方式のライセンスを受けた日本電気が最初に国産化して受像機を発売し、ソニー以外の大手電機メーカーも追随して市場にＲＣＡのシャドウマスク方式のカラーテレビ受像機が普及し始めた。

この１９６０年は、ソニーが世界初の充電池による動作可能なポータブル型８インチ小型トランジスタ白黒テレビを発売して車載も可能なテレビとして世界の人を驚かせた年でもあった。

井深は早速、発売された他社のシャドウマスク方式のカラーテレビを評価したが、カラー映像は暗く、夜の夕食時にカラー放送を家で楽しむには部屋の電気を消して映画館で映画を見るような感覚でしか見られないものであった。

井深は、「シャドウマスク方式のカラーテレビは家庭用商品向きではない、画面が暗すぎる」

と評価し、ソニーがカラーテレビをやるからには、夕食時に部屋の電気を消さないでも楽しめる画面が明るい家庭用カラーテレビを研究するように指示を出した。

８インチ小型トランジスタ白黒テレビを発売したばかりのテレビ技術陣は、後継モデル５インチの開発と並行して、独自のカラーテレビ開発に取り組むこととなった。

当時ＶＴＲ開発責任者・木原信敏は、世界初のトランジスタＶＴＲ・ＳＶ－２０１の開発に成功して、１９６１（昭和36年）年3月にはニューヨークで開催されたていた全米ラジオ・エレクトロニクス展示会（ＩＲＥショウ）に展示し開発当事者として現地にいた。その時にパラマウント社の展示ブースで、明るい会場の中で光り開輝く17インチのカラーモニターを発見した。

盛田副社長が展示場に来ていたので見てもらったところ、「これはすごい、ＲＣＡのシャドウマスク方式よりはるかに明るい」となり、その場でパラマウント社の社長とアポイントを取った。翌日、「ノーベル物理学者ローレンス博士が考案した後段加速集束型のクロマトロンと呼ばれる明るい輝度のカラーブラウン管は軍事用だが、テレビにも応用できる」との説明を受け資料を日本に持ち帰った。

当時発売されていたカラーテレビのシャドウマスク方式は、電子ビーム走査を蛍光面の塗ってある画面の手前に置く色選別機構のマスクに画素数分の丸穴を開けて通す構造なので、放射される電子の透過率は15％しか蛍光面に届かず、画面は暗く部屋を暗くしないとカラー映像を楽しめなかった。

クロマトロンのマスクは丸穴ではなくスダレ状なので、横方向はスダレのワイヤー部分で遮られるが縦には遮るものがないので、透過率90％で理論上はシャドウマスク方式の6倍明るい画像が得られるというものであった。

クロマトロンはパラマウント・ピクチャー社の子会社オートメトリック社が軍事用の敵味方を区別（ＩＦＥ）して表示する屋外で使うカラーディスプレイを手作りで小規模生産をしていた。１９６１年12月にパラマウント・ピクチャー社と技術支援契約を結び学ぶこととなった。

クロマトロン方式はスダレ状のワイヤーのマスクで輝度は明るいが、生産の歩留まりを悪くするという未解決の問題は電子ビームの後段加速集束式にあったが、井深はトランジスタの時に部品歩留り５％でセットの販売を踏み切った例もあり、安易に考えて１９６５年５月に、大崎新工場で19型クロマトロンを月産５００台で発売に踏み切った。

ところが電子ビームの後段加速集束式そのものの構造上の欠陥が明らかになり、色むらは解決できず作れば作るほど赤字が増えてソニーに経営危機をもたらした。

開発責任者の吉田進は、後段加速集束式を使わないやり方を模索していた。シャドウマスク方式でありながら、ＧＥ社の独自のインライン配列３電子銃を用いたポルタカラーブラウン管で使っているインラインがシンプルな構造なので電子銃１本だけで使ってみようと考えた。画面の明るさをカバーするにはクロマトロンのスダレ状のアパチャーグリルを使えば補えると考えた。

そこで電子銃を研究していた宮岡千里に検討を指示した結果、使い物になるという結果が出た。１９６８（昭和43年）年２月、後段加速集束式の欠点の一部を解消するワンガン、スリービーム電子銃が完成した。

次にクロマトロンのワイヤーをつかったスダレ状のマスクは、量産に向かないので大日本スクリーンに発注し薄い鉄板をエッチングしてスダレ状のマスクのアパーチャグリルが誕生した。スダレ状のマスクは振動で揺れると画面も揺れる問題があり、井深が戦前の経験から、揺れを止めるピアノ線を横に１本通せば振動を無くせるとアドバイスして問題は即時解決した。

暗かった赤の硫化物蛍光体に代わって希土類元素を使った明るい赤の蛍光体が新しく登場したので、これを採用。更に明るさが増し、１９６７（昭和42年）年の11月、夕食時に明るい電燈のもとでカラーテレビが楽しめるシングルガンで、アパーチャグリルのトリニトロン・ブラウン管のプロトタイプが完成した。

市場ではカラーテレビは17や19インチが主流で、１インチ１万円が市場価格であった。カラー化に出遅れているソニーが一刻も早く市場に出すには、19インチは時間がかかるので小型の13

インチしかなかった。

そこで、大田区の電気店店頭で19インチ19万円を買いに来たお客に値段の安い13インチ13万円を買うように説得して、どのぐらいの人が応じるかを店頭で実験して、13インチだけでもいけるとの手応えをつかんだ。

1968年4月、事前案内では発売日は未定として、13インチ・トリニトロン新製品を並べ実演するプレス発表を行った。その席で井深は、マスコミの前で半年後の今年の10月に月産1万台で発売をすると宣言した。

同席していた吉田進をはじめとした開発陣は、この日の手作り10台のデモ機を揃えるために徹夜の連続で疲れ切ってこの日を迎えていたので、初めて聞く6カ月後の発売宣言に、井深を睨みつけ「このタヌキおやじ、なんてことを言うのだ！」と怒った表情をしていたという。


こうして開発陣は、再び昼も夜もない殺人的な忙しさを強いられ1968（昭和43年）年10月にオールトランジスタカラーテレビKV－1310が12万8000円の定価で発売された。

2年後に18インチ、以後20インチ、27インチ、29インチ、世界最大の32インチ、45インチとラインアップを広げた。

当時の人々にとって、カラーテレビは生活必需品であり、明るい電燈の元、リビングで一家団欒、夕食を食べながらテレビを楽しむというライススタイルをもたらしたソニーブランドが身近なもととした愛された。この結果、ソニーのテレビが圧倒的シェアを占めるようになった。

当然シャドウマスク陣営は、明るさでソニーに対抗すべく輝度を上げる改良をした。井深は、ソニーのトリニトロンカラーテレビが刺激を与えたから世界のテレビ産業全体のクオリティを向上させたと評価した。

テレビのブラウン管の原理上、画面が球面を前提とするシャドウマスク方式では平面ブラウン管時代の競争では構造上トリニトロン方式を上回ることは出来ず、ソニー以外のシャープをはじめとするシャドウマスク陣営各社はテレビの開発リソースを次世代の液晶テレビに舵を切る決断をした。

その為、20世紀終盤にトリニトロン平面ブラウン管で世界のテレビ市場を席巻していたソニーは、21世紀当初の液晶テレビの時代になった時には出遅れてしまったのであった。

トリニトロンの成功は、井深の箴言「失敗は成功の母」を地で行くものであった。

井深が現役最後に関わった7番目の新製品開発プロジェクトとなったのがトリニトロンで、井深の分身のような思い入れのあるプロジェクトだった。

電子立国を日本にもたらした「1・10・100の法則」

トランジスタの発明でノーベル賞を取った3人のうちの一人、バーディンはその後超伝導の発明で2回目のノーベル賞を受賞している。このバーディンが井深に会うためソニーを訪れた。井深はこの時、「アメリカでトランジスタの発明がなかったなら、日本の電子立国はあり得なかった。バーディン教授への感謝は言葉に尽くせません」と言うと、バーディン教授は「自分のトランジスタや超伝導の発明は、日本人が実際に社会で実用化して役に立つものだと証明してくれるから、単なる理論で終わらないで済んだのだ。この点で、私こそ井深氏をはじめとする日本の方々に感謝しなければいけません」と答えた。

井深はこの時、「トランジスタの原理を発明する労力と費用を〈1〉とすると、いくら机の上の理論上は画期的なものであっても、社会で実際に使って役立たなければ発明だけで終わってしまう。日本企業の得意とするのは、ポケッタッブルラジオという発明の応用分野を見出す〈10〉の労力と、量を作る生産工場と販売網といったインフラを整え、さらに大衆が買える値段にコストダウンして、いかに便利なものだとの啓蒙教育を兼ねた広告宣伝を行なって、世界の津々浦々までに行きわたらせるという〈１００〉の労力があって、初めて発明が社会から評価される」とした。

井深は、このプロセスを「１・10・１００の法則」と名付けている。

このことをバーディン教授が評価してソニーに感謝の意を表したのだと思った。発明しただけで終るようなものはノーベル賞は取れないのだと理解した。

井深は人間生活の役に立つものこそ本当の科学技術であるとの信念を持っている。ノーベル賞も同じだったのだ。常に最新の技術発明を取り込んで、世界の人々の役に立つ応用製品を生み出し、新たな市場を創造することこそが日本企業の真価であることを改めてバーディンによって認識させられたのであった。

前述したが、ノーベル経済学賞を受賞したコロンビア大学教授　ジョセフ・スティグリッツは、２０２０年4月17日のＮＨＫ　ＢＳスペシャル「欲望の資本主義２０２０年スピンオフ―スティグリッツ大いに語る」で、

「アメリカは大発明をしたかもしれませんが、その応用分野について、アメリカが考えていた以上に役に立つ良いものを作り出して、日本は世界に貢献したのです。この貢献について日本人は理解していないかもしれませんが、こうした形で日本が世界に貢献してきた特徴を持って

いる限り、将来の日本について私は楽観的なのです」と語っている。

具体例として、トランジスタはアメリカのベル研究所で発明されソニーの手でトランジスタラジオを世界に普及させた。

液晶はＲＣＡの研究所で発明され、使い道がわからず放置されていたのをシャープの手で電卓の表示装置として用いられて世界初の低消費電力かつ軽量薄型電卓を世界に普及させた。その後ブラウン管テレビに代わる大型液晶テレビにまで用途を広げ世界に普及させた。


低い電気エネルギーで光線を発する半導体レーザーはベル研究所で発明されたが、１９８２年ソニーとフィリップスがレコード針に代わる光ピックアップに半導体レーザーを応用して、エジソンが発明したアナログレコードに代わる世界初のデジタル記録音楽媒体ＣＤを実用化し、コンパクトディスクプレヤー（ＣＤＰ）を世界に普及させた。

映像の光をうけて電気信号に変換する半導体イメージ・センサのＣＣＤも、その原理はベル研究所で発明されたが、社会にインパクトを与えるような決定的応用分野が見いだせず研究所で眠っていたところ、ソニーが生産装置を一から作り上げＣＣＤ部品の量産化に成功して、１９８３年に民生用小型ビデオカメラとして発売し、それまでのフイルム式ムービーカメラに取って代わって一挙にＣＣＤビデオカメラが世界の各家庭に普及した。

その後ソニーのＣＣＤはＭＯＳ系イメージセンサへの転換の波頭にも乗って、全世界で使用されているスマホ携帯電話やデジカメにはソニー製のイメージセンサが圧倒的なシェアを維持している。

このように、井深の言う「1・10・100」の法則で、20世紀後半の日本のエレクトロニクス産業の繁栄をもたらしたのである。

日本初、世界初を連発する新製品開発手法ＦＣＡＰＳ

1970（昭和45）年10月28日に井深は大手町の経団連会館で、日米両国の学会、産業界の代表者が集まって第1回イノベーション国際会議が開催されたとき、日本のイノベーションについて講演するように依頼され「新製品の開発に際しての私の取った手法」と題した講演をした。

冒頭に井深自身が指揮したテープレコーダ（1950年発売）、トランジスタラジオ（1955年）、短波2バンドトランジスタラジオ（1957年）、FM2バンドトランジスタラジオ（1958年）、トランジスタテレビ（1960年）、トランジスタビデオ（1961年）、トリニトロンカラーテレビ（1968年）の7つの新製品開発プロジェクトのノウハウを、「新製品の開発に際しての私の取った手法」と題して世界に公開したのであった。

名だたる大手電機メーカーを差し置いて、新興中小企業のソニーが、トランジスタラジオの発売からトリニトロンカラーテレビの発売までの13年間に、世界初の短波2バンドトランジスタラジオ、FM2バンドトランジスタラジオ、トランジスタテレビ、トランジスタビデオ、トリニトロンカラーテレビの5件もの〝世界初〟を連発する電光石火の速さで開発をするやりかたが初めて公開された。井深は新製品開発のやり方を「フレキシブル・コントロール＆プログラミングシステム」（略称F－CAPS）と名付けて掛図で紹介した。

この講演をもとにその要点を箇条書きにポイントをまとめたものは次の通りである。

1）最終商品のイメージ・目的を明確化する。

新しい発明や放置されていた最高の技術と出合ったならば、夜も眠らない気迫をもって、真剣に短期間で一気呵成に最終商品のイメージを明確にする。そのイメージした形をスケッチや、モックアップにして形として表現する。形に描くプロセスは、時間をかけたからと言って出てくるものではない。

トランジスタのライセンスは、ソニーよりもNTTの研究所や富士通や、日本電気や東芝の方が早く手に入れていた。ソニーが先にできたのはトップが「ポケットに入れて聞けるラジオ」というゴールの形を掲げ、開発部隊がこれを共有したから短期で成果を上げたのだ。先行していた大企業の研究所は、得てしてトップとはかけ離れた蛸壺のような存在で、これを使った応用分野のゴールを、ああでもない、こうでもないと、いじり腐し、論文は発表するが、ビジネスにはつながらないのが常なのだ。

中小企業だったソニーは、いわゆる〝北極星〟たるゴールのイメージをトップが明確化することで、組織が一丸となって進めることが成功する上での一番大事なこととしていた。ゴールの姿が明確になれば、新製品の核となる新しい技術や、最終商品を構成する世の中に無い部品や材料を先行して走らせることができる。

民生用テープレコーダ開発の時は、ＮＨＫがアメリカから輸入したばかりの業務用テープ式録音機を、井深が1日だけ借りてきて録音再生を実演して全員にゴールの形を具体的に見せた。最近では目指す形のモックアップを素早く作って全員が最終商品イメージを共有する。

2）プロジェクトの成否は誰をリーダーに選ぶかで決まる。

井深が、ＮＡＳＡや新幹線プロジェクトの成功要因を好奇心で直接訪問して御用聞きスタンスで調べたとき、成功要因はメンバーの技量よりも、ほぼ１００点満点の人を探し出して責任者につけたことが最大のポイントだと分かった。

リーダーがメンバーの平均点のレベルの人であれば、うまくいかない。逆にメンバーが平均点以下の30点の人ばかりであっても、リーダーに１００点満点の人を置けばプロジェクトは成功する。ソニーの中央研究所の新任所長を外部から招聘した時に、研究開発担当役員の岩間が新任所長に、「研究所で新たにプロジェクトをスタートさせるとき、リーダーを誰にするかは、必ず相談しろ。研究開発エンジニア能力については、人事よりも自分の方がはるかに詳しく知っているから」とアドバイスしている。

当時のソニーの経営陣は、自分の会社にいるリーダークラスの研究者の人となりについては、人事よりも詳しく知っているのでプロジェクトチームの成功確率が高くなるのだ。長たるものは、誰を責任者にするかは、人事まかせではなく、トップ自身の仕事として果たすべきだというのが井深のポリシィだ。

3）3つの制約を1点に絞り開発の不確実性をカバーする

優等生的なリーダーがしばしば失敗するのは、教科書的な完璧さをプロジェクトに要求するからである。通常、開発プロジェクトは、スケジュールとマンパワーと予算（コスト）の3つで縛られる。予算を使いこんでしまったら今期はこれでおしまい、また来期の予算が出てから頑張りましょうと、いつまでも完成できないということになりがちだ。

井深が主導するプロジェクトでは、最短スケジュールの納期Dの1点だけに制約は絞られる。これ以外のマンパワーや予算は上限なしのフリーで、トップが責任もって必要とするマンパワーや予算を増やす。だから、プロジェクト全体のイベントを最短スケジュールで構築できるのだ。プロジェクトメンバーを送り出している専門部署（研究所や開発部や生産技術部や品質管理

〈図１　F−CAPSシステムのプレゼン掛図〉

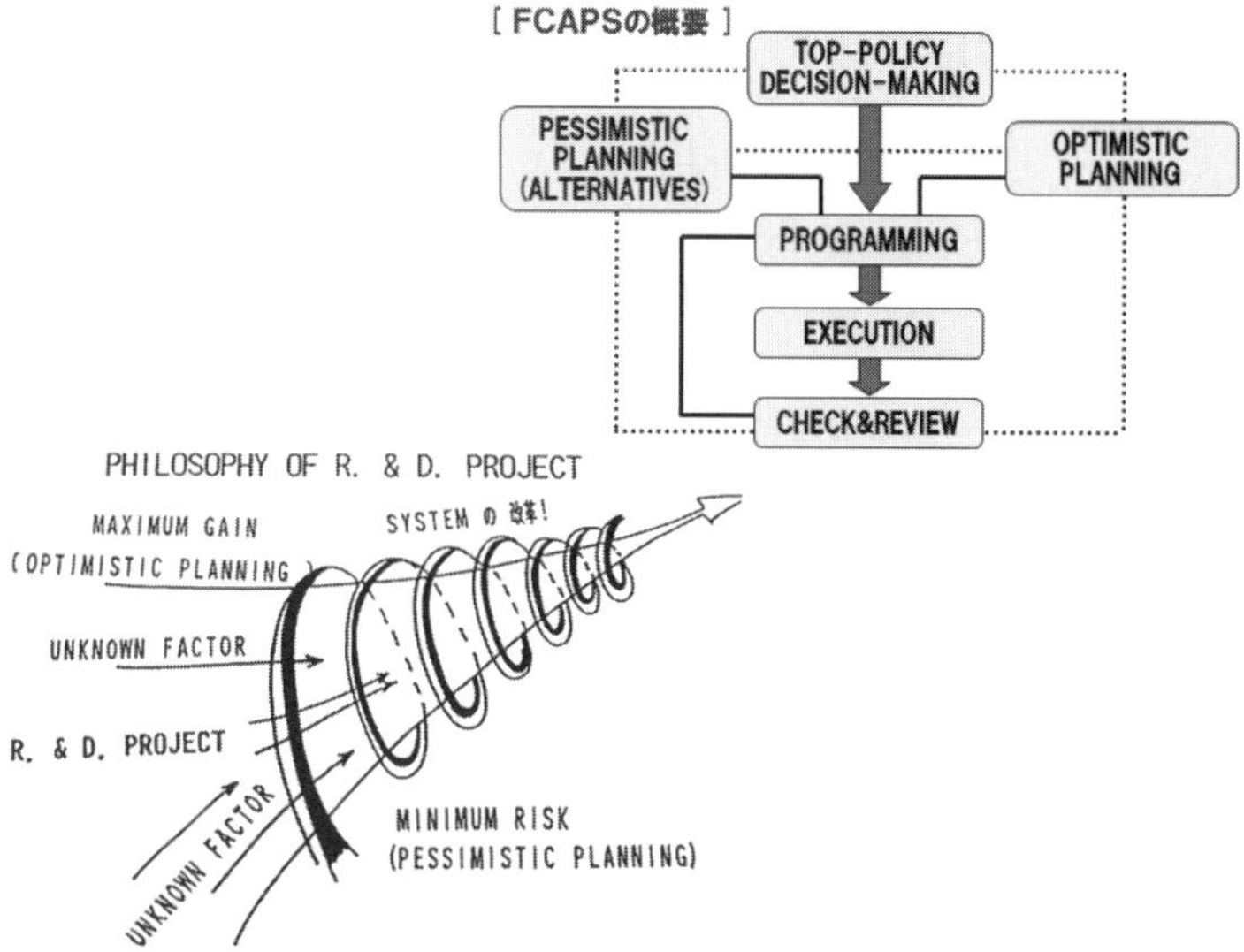

部や資材部や営業部門などを井深は母港とよんだ）でも、よりリスクを減らす、別のやり方を研究してプロジェクトに提案する支援を積極的にやらせた。

人手が足りない時は、母港の専門部署の応援や、多くの外部部品メーカーや下請け先の技術陣を巻き込むことで解決していった。開発は多岐にわたる専門技術者を巻き込まなければ出来ないので、秘密を守る為に社内人材のみで開発するというのでは遅々としてタイミングを逸する。

リーダーが責任持って、超過する予算や必要な研究人員を調達し、パラレルに開発を進めるという仕組みが、新規半導体の一発完動や新製品組立てラインでの垂直立ち上げを可能にした。こうした科学的なリスクヘッジの裏付けがあったから、短期間で世界の人々のライフスタイルを変える画期的新製品がソニーから次々と生まれたのだ。井深は1970年の発表でこのやり方を「ＦＣＡＰＳ」と名付けた。

掛図のフローチャートの右側が、例えば新規半導体の一発完動や、新製品組立てラインでの垂直立ち上げなど、確率的に難しいが、楽観的にみれば最短となるアイテムごとのスケジュールターゲットを決める。フローチャートの左側は、この右側の最短スケジュールの達成を可能とするあらゆる方法を並行して走らせる保険を掛け、早くできたものを採用する。

たとえばブラウン管の中に入れる強度を保つフレームなどは、シェルボンド、ロストワックス、リム溶接、パイプ溶接、板金成形など5通りのやり方をパラレルにすすめ、一番早くできたパイプ溶接フレームを採用というやり方である。リスクミニマムとする保険をかけて最短を実現するのである。

トップ自らが、使われずに試作費用のみの支払いに終わる場合もあると部品メーカーに説明し、後で問題が起こらないように承知してもらっていた。

4）トップによる技術の良し悪しを見抜く目利きが大事

―感性を磨くことはトップに課せられた宿命―

不確実性がある開発では、担当者はうまく行かない場合でも、もう少し時間をくださいと引き伸ばし、土壇場にならないと上司に報告しないものである。だから問題が起こりそうなところにはリーダーが初期から参画して、筋が悪いと見抜けば直ぐに打ち切り宣言をして、ダラダラと時間を空費することを防ぐ。

スケジュールが最も遅れている部門にリーダーがテコ入れして、最も進んでいる部門にあわせる。人、場所、予算の配分を思い切ってやり、最早スケジュールを守る。

使う機能部品ごとに小型化、高性能のイノベーションが計画されるが、必ずしもコストや機能が満足いくものが得られず、うまく行かないことも多々起こる。だから直ぐに他の代替品で対応できるフレキシブルさが盛り込めなければ、世界初の栄誉と高い収益は得られない。

開発過程では予断を許さないことが続出するのでフレキシブル・コントロール＆プログラミングシステムへの配慮はマスト条件だ。

ある意味でプロジェクトリーダーの主たる役割は、日々起こるこうした不確実性についてそれぞれＡＢＣ評価をして、Ａランクのものはフレキシブルに別のやり方を並行して走らせて、保険を掛ける対応によって、片方がダメだったとしても全体のスケジュールを守ることができる。

５）一気呵成に事を運ぶため携わる多くの人に参加してもらう

当時の電気業界で一般化している研究開発の進め方は、研究開発部門で４台ぐらいの原理試作機を造って、そのうちの１台が、期待通りの動作を確認できれば研究開発フェイズが終了し、図面とともに、動作を確認できる試作機が設計部門に移管される。移管された設計部門では、大量生産できるように量産設計図面が作成され部品発注して、10数台の試作機が製作されて、評価され、修正箇所等が明らかになって図面が修正される。

この試作サイクルは、2回又は3回行われて試作完成品は広告宣伝用検討用のサンプルや安全規格取得用サンプルやサービス修理検討サンプルや、さらには量産工場で大量生産を可能とする製造設備等の検討用サンプルなどに使われて、改善内容を盛り込んだ最終的な量産設計図面と仕様書とサンプルが作られて、製造部門に送られる。量産工場では生産技術設備等が検討されて生産ライン設備が完成して、量産に入る。

研究開発部門、事業部設計部門、製造部門と、製品の図面と仕様書とサンプルが、3つの部門に順送りに伝達され、従事するメンバーも変わるから、研究開発から発売まで、部門間を順送りでやっている限り数年かかるのが当時の業界の常識であった。

井深は、開発プロジェクトのメンバーに当初から量産設計部門、製造部門、販売部門、サービス修理部門などの母港からスタッフをプロジェクトに送り込み、一人のリーダーの指揮の元、同じメンバーで、モノ中心に、研究フェイズ、開発フェイズ、量産設計フェイズ、製造フェイズ、発売フェイズへと一気に進めるやり方をとった。

売れる技術とは技術の新しさと同時に、量を作らなければいけない。だから、一人のプロジェクトリーダーの指揮の下で、製品の開発と平行して量産装置も広告宣伝も、同じ次元でパラレルに進めたのだ。もちろん各フェイズに必要な能力は異なってくるので、フェイズごとに母港から人材を加えたり、引き揚げてもらうことは必要だ。

プロジェクトが成功し終わるとスタッフは解散となって母港の職場に戻っていく。こうした横串で開発プロジェクトが機能するやり方を取って、井深がプロデューサーとして多くのプロジェクトリーダーを育て、短期間に数々の世界初の新製品を世に送り出したのである。

こうした経験をした人々が次世代のリーダーとなって受継ぐさまをみて、井深は「新製品が人を育てる」と言ってきたのである。

６）人手不足は燃える集団化で精鋭となり補える。

新規に立ち上げたプロジェクトは人手不足が付きものだ。会社が人手を増やしてくれないから、スケジュールは遅れますと、すぐあきらめる人はまずリーダーとして失格である。

メンバーには、いわゆる「出来る人」ばかりで構成されてはいない。「出来る人」は、あちこちで使いたいと引っ張り凧だし、トップや人事の威の力を借りて、他の組織から、出来る人を出せと命令しても、出てくるのは「出したい人」ばかりとなるのはどの会社も同じだ。

その出来る、出来ない、を補うには、出来ないといわれた人に、「新製品が世に出た暁にはこんなインパクトを世に与え、これにあなたが携わるのです」とトップ自らがプロジェクトの社会的意義を説得して、本気になって仕事してもらえば、人手不足に困らなくなるというのが井深の経験だ。

しかも燃える集団と化したプロジェクトは、これまで乗り越えられなかった技術の壁も、奇跡のように解決するツキを招くという現象があると経験から信じている。井深はこうしたリーダーのアプローチを「説得工学」と名前を付けている。


人間には、怠けたい、快楽にふけりたい、楽をしたいといった「肉体的な欲求」と、世のため人のために仕事を通じて役に立ちたいと言う「良心的な欲求」の2つが並存している。

目標がなく、怠け、快楽にひたる生活を送っていた人が、ひとたび携わっている仕事が、世のため、人のために役に立つと言う情報が与えられると、「良心的な欲求」に火が付いて、寝食を忘れて仕事に没頭するようになる。だから社員の心が前向き、積極的状態となるようにするのがリーダーの一番の役割と井深は信じている。

社長は、あくまでも企業本来の使命遂行に徹するべきである。危機に際して、社長がネクラであれば社員の心は前向き積極的にはなれず業績は上向かない。仕事をし、会社を栄えさすのは社員なのだから、どんな時でもトップが社員の不安を払拭させ、仕事に専念する環境を整えることが組織の創造性発揮には何より大切なのだ。

この一例として、厚木工場での井深講話がトランジスタ娘たちの心を炎上させた例がある。厚木工場長をやった小林一三元ソニー取締役の書いた『**ソニーの創造経営**』から抜粋する。

「ソニーが、世界最初のトランジスタ・テレビの生産に苦しんでいたとき、そのための高周波トランジスタの量産に苦闘している厚木工場で、井深社長は全社員に話をした。世界中の電気会社がトランジスタ・テレビの商品化を不可能と考えている状況、どうしてもソニーがこの道をきり拓かねばならぬ運命をじゅんじゅんと説いてのち、自分は断固としてこれを遂行する決意であり、もしみなさんがソニーをかわいがってくださるなら、苦しいだろうががんばってほしい」といった。

その言葉には社員の愛社心や興奮を、とうぜんのこととして要求するような、高びしゃな態度はひとかけらもなかった。だからこそ工場長を含めて、15歳の女の子たちにも、掃除のおばさんたちにも、すべての工場社員の心に火が燃えついたのである。

ただ手足を動かしていればいいのだというような人の使いかたをされていたのでは、実感の湧くはずがない。お客さんにたいへん迷惑をかけている、どうしたらいいだろう、というような情報が与えられ、真剣な問いかけが行なわれれば、彼らの心のなかに、品質に挑戦する〝旗〟が、利害を超越して高だかと輝きだす。人間理解が管理者にあるとき、彼は部下に対して、状況を伝えずにいられないのである」

井深の会社での語り口は、決して聞き手を強制するような語り方はせず、「この窮状をみて、皆さんが共鳴していただけるのならば、どうか一肌脱いで頑張っていただけませんでしょうか」という、あくまでも信者の自発性を促す教会の牧師のような言い回しをする。これは、若き日に教会学校の教師として子供たちに教えていた経験がもとになっているように思える。

井深の厚木工場での講話を聞いたトランジスタ生産の現場で働く一人の若い女子社員が、歩留まり改善のために立ち上がってくれ、窮状を救ってくれた後日談があった。

当時のソニーの厚木工場のトランジスタ生産は、手先の器用な地方の中学校を卒業して集団就職し上京してきた少女たちに支えられた労働集約型産業で、午前勤務者と午後勤務者の2直交代制だった。

午前勤務のトランジスタの前工程を担当する一人の少女は、勤務が終わった後、職場に残り、自分が従事している前工程の条件と、後工程でのトランジスタ完成品の不良データを毎日調べ記録し、後工程の不良に影響を与える前工程の条件を独力で調べあげて分析して、後工程の不良を減らす前工程の条件を見つけたのだった。

これを工程管理をしている男性技術者に教えたが、技術にプライドを持つ男性技術者たちは、当初は少女のいうことを無視していた。しかし、あまりしつこく言ってくるので、ある日のこと一人の技術者が試みに少女のいう条件でやったみたところ、これまで歩留まりが数%しかなかったのが、２ケタの歩留まりに改善する事を発見した。

この結果、多くの競合他社が歩留りに苦戦するなかで、厚木工場のトランジスタ生産だけが良好な歩留りで生産できるようになって、余裕の出来た分は他社にも外販して収益が大幅に向上した。


井深はこの話を聞いて感激して、少女を表彰して社内報に載せるように工場長に指示したところ、現場の管理職たちから、他社が歩留まりが悪く作れないで苦戦しているなかで、歩留まり改善の条件を見つけた少女の名前を出すと、他社がスカウトする恐れがあるので、名前を出して表彰することは大反対と言ってきた。

マル秘のはずの各社の社内報は、競合各社間で、アンダーグラウンドで読まれていることは業界ではよくあることだったのだ。

第5章

生涯を通して本業以外で力を入れた社会貢献

井深の箴言には「便利な文化を自分の代で一歩でも二歩でも進歩させて後世につなぐ生き方こそが人間の生き方として至高の生き方である」との言葉がある。

井深はこれを80歳を過ぎても実践しつづけた。

小学校に理科教育振興資金の供与を始める（51歳）

井深は世のため、後世の人々のために、種につなぐ社会貢献を会社の経営が軌道に乗ったら実行しようと、東通工の会社設立目的に「国民科学知識の実際的啓蒙活動」と記したことを忘れてはいなかった。

1950年（昭和25）に日本初のテープレコーダを発売して8年が経過すると、全国の3分の1の小学校が採用してくれ、テープレコーダの生産が需要に追い付かないほどであった。

テープレコーダによって、東通工の経営が安定し将来の開発投資資金を留保できるようになったとき、小中学校に報いるべく趣意書の啓蒙活動を実行しようと井深は決意した。

井深は、戦後10数年を経ても、地方都市の小中学校は未だ科学的雰囲気を浸透させるまでに至っていないことを痛感して、日本を再興するためには科学教育振興から始めようと、まず小学校に理科教育振興資金を贈呈することにした。

井深は安城尋常小学校時代に、理科教育で担任の杉浦先生から習った自分が科学的興味を持ち創造力豊かな人に育ったことは忘れていなかった。

そこで、仙台工場新設時に見学の案内をした旧知の茅誠司氏が東京大学の総長に就任されたと聞き東京大学に出向き、これからの日本を支える小学生に理科に興味を持つ教育を振興させる活動に協力してほしいと井深がお願いしたところ、茅誠司総長は即決で快諾してくれた。

小学校が独自に理科実験装置など独創的に自分たちが工夫してやっている所を表彰しようとしたところ、文部省は小学校のこれまでの理科教育の枠の中からはみ出さない理科教育研究内容に限るという方針だったため、間に入った茅誠司総長が井深の方針に賛成してくれて話が付いた。

１９５９年（昭和34）１月28日の朝日新聞全国紙に、「全国の小学校ＰＴＡの皆様へ」との全面広告を「ソニー小学校理科教育振興資金」の名前で掲載した。全国の小学校から楽しく理科教育を実施している報告や、計画案のレポートを提出してもらい、茅誠司学長らの審査員が、現地視察を行って15校を選んだ。１席百万円、２席50万円、３席10万円を小学校の理科教育資金として贈呈する事業が始まった。

第１回の募集では全国４５４校が応募した。企業の利益を世のために還元する活動としてマスコミでも取り上げられ話題となって、回を重ねるごとに反響が広がり、２年後には振興資金の対象を中学校にまで広げるようになった。

井深も、理科教育振興資金を贈呈された学校を見て回った。同じ理科でも小学校１、２年の早期に素晴らしい先生から理科教育の授業を受けると創造力がグングン伸びると聞かされ、より早い幼児期から適切な先生による教育をスタートさせなければいけないことに気付かされた。

1969年（昭和44）幼児開発協会を設立（61歳）

1968年、井深がトリニトロンカラーテレビを発売して翌年の一息ついた時に、理科振興活動の延長線上で井深を会長とする幼児開発協会が1969年創設した。

井深が幼稚園児だったころ、母は将来、父のように立派な技術者にしようと、幼稚園が休みの日には上野の博物館や博覧会に連れて行って、科学への興味をかき立てさせてくれた。「三つ児の魂」ではないが、子どもの興味を築き上げる教育法をとらなければ身に付かないことを気付かされたのは、バイオリンの早期才能教育で著名な鈴木鎮一先生との出会いがあったからだった。

バイオリンを習わせたいと親たちの意思で子供を鈴木バイオリン教室に連れてくるけれども、鈴木先生は、決して生徒にすぐにはバイオリンを触れさせない。最初の3カ月間は、他の子が引いているのをひたすら見聞きさせるだけ。

すると練習曲などが繰り返し頭に入って曲を覚えるようになる。その段階に達すると子供たちは、親の意思ではなく自分の意思で弾きたいと思うようになる。そこで初めてバイオリンを渡す。するとバイオリンを弾こうとしても音がでず、どうやって音を出せるようにできるかを子ども自身が必死になって覚えようとするという。

曲も頭に焼き付いていない段階で、バイオリンを渡して弾くテクニックをいくら説明したり強要しても拒絶反応し、二度とバイオリンを触りたくないという結末となるのは目に見えているという。

3歳の幼児でさえも、自分自身で自分の興味を築き上げさせるというのが真の教育の本質であると、井深は自身の5、6歳の時の母親の教育からも確信を持った。

この経験から、教育のスタート時期はより小さなときから始めなければならないというキャンペーンを幼児教育振興活動の中でも取り入れた。


井深の親友であった本田宗一郎は、親から教えてもらった唯一の遺産だといって次のように語った。「この世で大切なものは、お金でもなければ、地位でもない。『他人に迷惑をかけないこと』これが一番大事なことなんだ」と、ことあるごとに幼い本田宗一郎に親が語りかけてたという。

本田技研を創業すると、お客のクレームに対しては真剣に応じ、誠意をもって仕事をするという社風を作り上げた。

本田は「昔の学校での道徳教育で、二宮尊徳になるとか、お釈迦様になるとか、非の打ちどころのない人間に仕立て上げようとしたって、人間であれば、夜になれば酒も飲みたいし、芸者遊びをして女房には嘘もつきたいのが本性なのだから、無駄な教育だ。

それよりも各人が一番得意なものに全精力を打ち込んで、自分の欠陥は、人に補ってもらいながら、世のために尽くすという人生を送るようにというのが子供の教育の基本とするべきだ」と井深に語ったことがある。

「他人に迷惑をかけない生き方」は、江戸時代から寺子屋で教えていた南宋の朱子が書いた8歳から14歳までの児童を教える書である「小学」によるものである。清掃、応対、作法などの具体的実習を基本として、将来、社会人としての資質を子供たちに備えさすように配慮された書である。本田宗一郎は親から、このことだけを学んだという。

1969年（昭和44）当時、1月に全共闘の学生たちが東大安田講堂を占拠し、機動隊との攻防戦で火炎瓶や鉄棒をもって荒れ狂う様がテレビで中継された。その後も同様な学園紛争が全国的に起きて大学での授業が1年間ストップした時代があった。

井深は、このような暴力学生を生んだ背景には、江戸時代以来続いていた、日本人が子供を育てるとき、貧富に関係なく、「他人に迷惑をかけない人間となること」をしつけの基本としたことが、戦後教育では放棄されたからだと考えた。

他人を出し抜いて、一流大学を出て、一流企業や官公庁に就職することのみに価値観を植え付け、このコースから外れた大多数の人間に劣等感を与える、これらは戦後教育制度に起因すると井深は考えた。

一部の学生はひたすら有名学校を目指して、入るための塾通いをし、大勢の落ちこぼれ生徒は無視された。この結果が昭和44年前後に荒れ狂った全国的な学園紛争につながったのだと井深は言う。

井深はこれを修復するための方策として、かつての日本で育まれた子供時代に他人に迷惑をかけない生き方を教える。どの子にも同じような能力開発の機会を与える。

井深は幼児教育の必要性を痛感し、幼児開発協会を設立、理事長に就任し、人に迷惑をかけない心を持つ人に育てる社会とする活動を始めたのだった。

井深は、「従来は多くの人たちが胎児や新生児には意識もなければ感覚もないと考えてきた。しかし最近ではお腹の中の胎児、あるいは生まれてすぐの新生児の能力は非常に高いものがあることがわかってきた。胎児にはアメーバーから人類に至るまでの遺伝子を受け継いでいる本能的なものを持っている。

たとえばフランスやソ連の一部では、海の中でお産をする人口はばかにならないほどたくさんいます。そうしますと1か月や2ヶ月のうちに泳げて5分ぐらいは水の中に入ったままで出てこなくても大丈夫だという。（胎細胞の発達過程の）イルカや両生類の時代に持っていた、泳ぐという遺伝を中断せず続けていったらすごい教育効果が出てくる。

また生まれた直ぐの赤ちゃんで、まだ生んだお母さんとも対面しない段階で、生んだお母さんの写真と他の女性の写真4枚並べて赤ちゃんに見せると、どの赤ちゃんも、間違いなくお母さんの写真しか見ないという結果がほとんど例外なしに出る。超能力的な能力を胎児は受継いでいるというのが私の解釈です」と語っている。

社長業の傍らで心身障碍者施設を立ち上げる

心身障碍者施設運営のすぎな会を立ち上げる（54歳）

井深は、生涯の師と仰いでいた山本忠興の生き方、「望むところを確信し、まだ見ぬものを真実とする」ヘブル書11章1節と、同じ生き方をしようと決心していた。

1958年（昭和33年）は井深が代表取締役社長に就任して、社名を東通工からソニーに変更した年で、世界初のFM2バンドトランジスタラジオを発売した多忙な年でもあった。

すでに民生用で初のテープレコーダや、携帯型トランジスタラジオといった世間では、まだ見たことが無かった商品を、手の届く値段で提供するソニーという華々しい企業の創業者という顔の他に、心身障碍児のための社会事業家としての活動についても熱心に進めていた。

井深の自伝には、昭和15年にさずかった次女は幼い時、とても頭がよく発明好きで、歌も覚えが早かった。しかし小学校に通い始めた時、家に帰ってこず、警察から保護されて初めて次女の様子がおかしいと気付いて医者に診断してもらったところ、発達障碍があることがわかったという。

東京目白の尾張徳川家の徳川義親邸内に設けられた年齢制限のない心身障碍児の施設「旭出学園」は、障碍児教育の第一人者と言われた元東大教授の三木安正先生が、徳川家からの依頼で立ち上げ、１９５０年（昭和25）開園した施設であった。

１９５５年（昭和30）に併設の寮が発足し障碍児も、生活寮を中心とした24時間教育により、昼間は人として働きながら、一生を通して、仕事を身に着け、目的を持った生活をすることで、入園者の力を伸ばす施設であった。旭出学園の開寮と同時に、井深の次女も入所して生活することとなった。

次女がお世話になっていた旭出学園の河村さんから、同じような娘を持つパール・バックが書いた「母よ嘆くなかれ」の本をもらって、その中で著者が医者から娘の診断を宣告された次の箇所を読んで旭出学園の理念を知ったという。

「このお嬢さんは決して治りません。知能の面で１００人に一人ある幼児の水準以上に発育が困難な子供です。あなたは直る望みを捨て真実を受け入れるのが最善なのです。でなければ、あなたは命をすり減らし、家族の財産を使い果たしてしまうでしょう。

この子供さんは、あなたの全生涯を通し、あなたの重荷になるはずですが、あなたの全てを、お嬢さんが吸い取ってしまうようなことをさせてはいけません。お嬢さんが幸福に暮らせるところを探してください。そしてそこに子供さんを託して、あなたはあなたの生活をなさってください。私はあなたのために本当のことを申し上げているのです」

井深の次女が18歳になった1958年（昭和33年）に、新規に設けられた児童福祉法が施行されると、東京目白の年齢制限のない心身障碍児の施設「旭出学園」では、成人になれば心身障碍児は施設を出て、親が生活設計をして面倒を見なければならなくなる事態がおこった。

それまで施設では年齢制限なしで面倒を見てもらっていた障碍児が、成人になった途端、施設から追い出すという新たな児童福祉法の施行は、井深も含めて対象となる23名の親たちは憤りを感じた。

働いて日常の糧を稼がなければいけない親達の自宅に、自立の出来ない障碍児が戻っても、付添人を雇うことのできる資産家以外の家庭では引き受けられないのだ。

旭出学園の同じ境遇を持つ親たち23名が、井深をリーダーとして、このことについて語り合うようになった。52歳の井深は多忙を極めるソニーの社長であったが、20歳目前の次女のために、親が亡くなった後まで成人した障碍者の面倒を見てくれる年齢制限のない施設（コロニー）を作る為にリーダーとして立ち上がった。

井深は障碍児であっても、世間から隔離されるのではなく、昼間は社会とつながる仕事をして生きがいを持った生活ができる職住接近のコロニーを目指した。そして23名がお金を出し合って財団法人「すぎな会」を１９６２年（昭和37）６月に創設し会長となった。

だが施設の候補地を見つけそこに建設するまでの時間的猶予はなかった。施設の適地が見つかるまでの間、井深が社長を務めていたソニーの高輪にある旧社員寮を一時的に借りることにした。

同年、高輪に次女を含む23名を収容して昼間はソニー製品の取扱説明書を折って袋詰めをする軽作業等を行って社会に参加しながら生活するコロニーがスタートした。

寮の運営は、旭出学園に勤務していた熱心な河村夫妻をスカウトして舎監と寮母をお願いした。井深と同様、成人になっていた発達障碍の2児を抱えていた竹下博氏は、多年の会社勤めを投げ打って「すぎな会」常務理事として専従してくれた。

婦人公論の１９６２年（昭和37）12月号に当時の井深の心境を語った次の記事がある。

「心身障碍児の子一人一人が独立して生活する事はできない。それならば皆が団結して、永遠のコロニーを作ろう。まず自分たちの力でやれるところまでやろう。事業をするうえで良き協力者、友人を多く持つことができた。

しかしそれにも増して得難い多くの友情を、この同じ悩みを持つ父母たちの中に見出したことは貴重な体験であった。多くの同じ悩みを持つ人々と人間的触れ合いをすることができたことを豊かだと思う。次女は私の生涯の十字架であると同時に私の生涯の光であった」

その後、厚木市郊外の400坪の土地が手に入り、施設が完成して1964年12月に、高輪から30名が厚木に移転した。新たな仕事としては新建材のサンプル作り、フイルムラップ箱にカット刃装着作業、経木の弁当箱作りを受注した。障碍児が働きながら自活の道を付けるコロニー専門施設が日本で初めて厚木の地に誕生した。3年後には収容人員が100名を超え、その後も施設入所希望者が絶えず拡張もままならないほどであった。

栃木県鹿沼市に心身障碍者施設「希望の家」を立ち上げる（65歳）

厚木の「すぎな会」に娘を託していた栃木県鹿沼市で農業を営む広田文夫氏は、所有地の1部2万㎡（6000坪）を「すぎな会」に提供すると申し出てくれた。井深は生まれ故郷の日光が良質の木材を産するところで、同じ栃木県に施設を作れば心身障碍児でもできる木工関係の仕事ができる。今後さらに増加する施設の入所者が暮らすうえで、広い敷地が手に入る鹿沼は最適な所と考えて、「すぎな会」を栃木県鹿沼に移転しようと「すぎな会」会員に提案した。

ところが一部の父母から、息子や娘が遠くに移転することには反対との声が上がったため、井深は厚木の「すぎな会」はそのままにして、鹿沼の地に新たに社会福祉法人「希望の家」を1973年設立することとし、河村夫妻に「希望の家」の理事をお願いした。

そして栃木県鹿沼市の広田文夫所有地6500㎡（約2000坪）の敷地の中に日光で取れる杉を材料とした木製のオーディオラックを生産するための作業棟が建設され、次女と広田文夫の娘も、新設した「希望の家」に移ることとなった。

作業棟は、のちに木製のステレオスピーカーを生産するようになり、１９８１年、障碍児が健常者と一緒になって働くソニーの特例子会社「希望工業（株）」に発展した。

身障者雇用促進法に基づく特例子会社「ソニー・太陽」（67〜71歳）

１９７３年に、別府に住む医師、中村裕氏がソニー本社を訪れ、社長の井深に設立7年目の身体障碍児の授産施設「太陽の家」にソニーの仕事を回してほしいと依頼された。井深は「希望の家」の設立直後だったため、すぐには対応できなかった。

先に京都のオムロンが別府に「オムロン太陽電機」を設立したが、その後、１９７５年ごろ、「太陽の家」の10坪の作業場をソニーが借りて、「特機科ソニー」として入所者17名による中波専用のトランジスタラジオの組立を開始した。

１９７８年には太陽の家と井深個人で31％、ソニー19％の共同出資で（株）サン・インダストリーを設立し、その後１９７９年9月には3階建て２４００㎡の建屋が完成し、これが身障者雇用促進法に基づく特例子会社「ソニー・太陽（株）」会長井深大、社長中村裕、社員数１００名弱に発展した。

ソニーと太陽の間に「・」が入る名前は、通常のソニーの子会社ではないことを意味する。これはソニー本社総務の苦心のたまものだ。

井深は1976年68歳の時に、代表権を持つソニー会長を辞し、ソニーの経営を盛田会長に委ねたが、障碍児が給与を貰って自立できる職住接近の工場であるソニーの子会社の栃木県の希望工業（株）と大分県のソニー・太陽（株）だけは井深自らが非常勤の会長として継続させてもらった。

井深は次女が、成人になると旭出学園を出なければならないという個人的な危機に対して、同じ境遇の父兄たちと話し合いを通じて、日本に心身障碍児が年齢制限なく施設で自活できるコロニー建設という終着点をズバッと描き切って、これを実現するために、同じ境遇を持つ親たちとの絆を固め、それぞれの家の事情に応じた資金を出し合って、年齢制限のないコロニーを実現した。そしてこれを身障者雇用促進法に基づく特例子会社にまで発展させた。

井深がソニー社長という重責を抱えながら、心身障碍児が社員として働き自活できる授産施設を兼ねた工場を作るところまで突き進んだのも、身内に起こった問題について、同じ悩みを抱えている人たちを結集して、社会福祉政策上の「望む所を確信して、まだ見ぬ物を真実とする」真の人間の生き方を優先させた結果であった。

一人の苦しみは、みんなの苦しみでもあり、問題意識を持った人が立ち上がることで人類社会の文化が引き継がれ豊かになることを身をもって井深は実践したのだ。

ウォークマンの原型を発案（70歳）

井深は、日本にステレオ音楽を持ち込んだ先駆者であって、オーディオ協会発起人の一人である。井深がソニー会長であった１９７０年代に日本から欧米に行くには、長時間、航空機に乗らなければならず、当時の機内設備には、音楽を視聴するサービスは無かった。

井深が講演等で海外出張するときには、機内に好きな音楽を録音してあるカセットテープ数巻とテープレコーダを持ち込んで、ヘッドホン通して音楽を楽しんでいた。しかし持参していたテープレコーダＴＣ－Ｄ５「愛称デンスケ」の重さが１・７ｋｇあり、ヘッドホンが０・３ｋｇと合わせて２ｋｇを機内に持ち込むたびに、この重さに不満をもっていた。

井深が代表権を盛田昭夫に返上して名誉会長となった翌年１９７７年にソニーから片手で握ってモノラルの録音再生操作ができるマイクとスピーカー内蔵の報道用の軽量０・４ｋｇの小型テープレコーダ「愛称プレスマン」が発売された。

井深は１９７８年の講演等での海外出張予定日の数か月前に、当時社長をしていた大賀典雄の部屋を訪ねて、新発売のプレスマンにステレオ再生機能を付けたものを、次の出張までに用意してくれないかと依頼した。大賀はすぐに、芝浦工場の大曾根録音機部長に電話して井深の出張に間に合わせて用意するように指示した。

約束通り井深は重さが3分の1となった再生専用の改造プレスマン0・4kgを受け取って、出張時に持参のステレオ音楽テープを機内で再生しヘッドホンで聞いたところ、あまりの素晴らしさに井深は感動した。

帰国するや、盛田会長の部屋に、改造プレスマンをもって訪れ、盛田会長に聞かせ、2人で感動を共有したのだった。

盛田会長が自宅等で使ってみた結果、家を出て屋外でもステレオ音楽を楽しめる素晴らしさを改めて確認したが、本体と同じ容積と重さのヘッド・フォンの難点を井深に指摘すると、井深はすかさず、芝浦の技術研究所で一桁軽い50gの極小ヘッドフォン（愛称ヘアー）を開発していることを盛田に教えてこれを使うことを盛田に勧めた。

盛田は、若者が恋人と一緒に音楽を楽しめるようにヘッドフォンジャックを2か所、新たに設け、夏休み前の7月に発売して、値段もソニー33周年に発売するから3万3000円、生産台数は月産3万台とするように録音機事業部となっていた大曾根事業部長にトップダウンで指示した。

しかし、盛田会長から命じられた録音機事業部も、販売する営業部隊も、ステレオ音楽の再生だけで、3万円以上する録音機能のないテープレコーダが、月に3万台売れると思った者はだれ一人としていなかった。売れると思っているのは井深と盛田会長の2人だけ。事業部と製造を統括する大賀社長は知らんふりを決め込んでいた。

当時の事業部の評価は利益貢献で評価される。いくら盛田会長の指示通りに月産3万台で生産しましたといって、売れなかった場合には事業部は赤字となって、非難されるのは事業部長だけ。

そこで事業部は、リスクのある3万台の生産はしないで、話半分の１・５万台で生産計画をこっそり決めたのであった。

いざウオークマンが発売となったら、最初は動きが悪かったが、営業や企画部門の若手社員が盛り場に出向いて、これ見よがしにウォークマンのデモンストレーションをしたことが功を奏して、すぐに在庫は底をついて品切れが続出。品不足がさらに評判を呼んで、ウオークマンの需要は若者の間に炎上したのであった。

以後、ウオークマンは世界の誰もが欲しがる憧れのものとなり、日本の出先大使館を初め、海外進出をしていた日本の大半の企業が、コストパフォーマンス良い最強の贈答品として、日本で調達して現地に送られ、現地要人への贈答品としてもてはやされた時代が続いたという。

井深70歳、盛田56歳の２人がトップダウンで、世界の若者を熱狂させたウオークマンが誕生したのであった。

増税なき財政再建を目指す土光臨調を応援（74歳）

井深と本田技研の創設者・本田宗一郎は、親友以上の親しい間柄であった。出会いの初めは、井深がソニーのトランジスタの量産を世界に先駆けて成功させてトランジスタラジオを発売した1955年昭和30年台だった。

ソニーのトランジスタを使ってエンジンの点火プラグを制御できないかと、ソニーの本社に本田宗一郎が訪ねたことから始まった。

その後、ソニーが5インチのポータブルトランジスタテレビを発売した時に、屋外やキャンプ場でテレビを見る電源として、本田が発売している小型ガソリン発電機を供給してもらう相談をしたり、といった交流がきっかけで、社会貢献について、お互いが頼んだことについて絶対に断らないという親友間の約束がいつの間にかできていた。

ソニーが始めた理科教育振興基金の役員や、幼児開発協会の理事や、大分県の太陽の家に仕事をいれることも本田が引き受けている。

また本田が始めた　国際交通安全学会の理事や、本田から頼まれて日本プロゴルフ協会の理事、や日本ボーイスカウト日本連盟理事長も井深が引き受けた。

本田は土光臨調の「増税なき財政再建」に共鳴して、民間の立場でこれを応援する「行革推進全国フォーラム」の世話人を、井深を引き込んで２人で代表世話人として１９８４年（昭和59）から全国を行脚して「増税なき財再再建」の必要性を国民に訴える活動を始めた。

当時の国有鉄道は、政治家による「我田引鉄」、つまり自分の選挙区に国鉄の駅を政治的に引っ張り込むことが全国的に横行して破産的累積赤字を抱えていた。

行革推進全国フォーラムで井深は次のことを指摘した話をした。

「十河信二さんが国鉄の総裁だったころは利益が出ていた。その後、減価償却をきちんとやっていれば、今の何兆円もの赤字が積み重ねるようなことはならなかったはずだ。

今のように、国家予算の伸び率が、ＧＮＰの伸び率を上回ることが毎年続いて国の予算が毎年膨らんでいくことが続いていけば、（国家財政が）国鉄と同じ羽目になってしまう。

昭和40年代に戦後復興が見事達成され、福祉とか教育にお金を使えるようになり、素晴らしくなった日本をそのまま次世代に伝えられるかが大問題。働くことがアホらしくなる心配がある。

要らないものは予算を少なくしていくという方向性を出さないと財政は再建できない。官僚統制の目からではなく皆が一所懸命働く気をおこすような目で予算を構築するべき。変えるには土光さんの力をもって行革をやるしかない。ほかの人じゃできっこない。この機会を逃したらという気持ちが、我々だけではなく国民全部が持ったんではないか」であった。


本田さんは引続き次のような話をした。

「企業はへたなことをすると倒産するからそろばんが入る。議会が官僚と一緒になって自分の仲間の安全保障から出発して『自分の得になればいい』ことだけやって国民だけがスカ食っているのが今の日本の姿。

『役人は偉いんだ』といって他人の敷地の中にパイプラインの図面を黙って引いておいて、いきなり立ち退けといってくれれば誰だって怒る。民間の場合は、地主の所へ足を運んで、細かく説いて聞いてもらい、値段を聞いて、と大変な手間をかける。

役人は『汝らドケ。俺はこういう風にパイプラインを設計したんだ』という感覚。すべて役人は偉いんだという意識の上でやられている」

消えた年金問題にしろ、失業給付金の統計不正問題にしろ、その根っこには「俺たち偉い役人が決めたのだから黙って従え」という役人の昔からの潜在意識があるのは、本田さんの生きていた時代と変わっていないように思われる。

井深と本田は本業を共にリタイヤした後も、中曽根首相時代に、国鉄の民営化や国の在り方を変える土光臨調にも積極参画して可能なかぎり小さな政府を求めて行革推進全国フォーラムを全国各地で主催して、補助金、許認可、定員を現状より少しでも少なくしていくことを、応援したのである。

井深の信条である「望む所を確信し、見ぬ物を真実とする」のは、国鉄民営化ばかりでなく、すぐにできる見通しがなくとも、小さな政府を作るためのロードマップを作り、子孫に実現をゆだねる内容も土光臨調に盛り込むべきであると井深は土光臨調の幹事、瀬島龍三に提言した。しかし「出来る見通しが確実なものしか土光臨調では扱わない」と瀬島龍三に却下され、がっかりさせられたという。

JRスイカ誕生の仲介（80歳）

井深は1987年（昭和62）79歳の時に、国鉄民営化直後の鉄道総合技術研究所の初代会長に就任。そこでやっていた電子切符の研究開発に興味を持った。

ソニーの研究所で宅配便の物流管理のため情報を無線で飛ばす非接触ICタグの研究開発を知っており、井深が会長を務める鉄道総合技術研究所でやっている電子切符に使えるのではと両者の共同研究を80歳の時に仲介した。

実用先と考えていたJR東日本が磁気カードに固執して、非接触は時期尚早と、見送られてしまったので、JR東日本に代わる、実用先を探さなければならなくなった。

その後、商社から、香港の交通事業者6社のジョイントベンチャーのクリエイティブ・スター社が、交通システムの入札を募っているとの情報が持たらされ、クリエイティブ・スター社に応募することとなった。クリエイティブ・スター社の非接触カードへの要求は、1枚のICカードで6社のサービスが利用でき、共通の電子マネーとして買い物もでき、ポイントなどの各社が別々に読み書きできるデータ領域を持たせ、電池は内蔵しないというものであった。

1994年に共同研究した非接触ICカードシステム（ブランド名フェリカ）の採用が決まり、4年後の1997年に、香港地下鉄6社間で乗り降りできる「オクトパスカード」の実用化が始まった。

磁気カードに固執していたJR東日本は、香港で非接触ICカードが実用化されたこと知って、2001年JR東日本は、ICカード式乗車券、定期券の競争入札を行い、共同研究で確立したフェリカ技術を用いた香港の交通システムが評価され採用された。

2001年12月JR東日本スイカが本格的に稼働を開始した。その後、中国深圳、シンガポールなど非接触のフェリカ技術を用いたICカード式乗車券が次々と採用されてスイカやパスモといった非接触ICカードがアジアで普及したのだった。

東洋医学・ソニー脈診研究所所長となる（81歳）

1989年81歳の時、脈診研究所（後に生命情報研究所と改名）をソニー内に作ってもらい所長となる。韓国からは脈診装置を開発した東洋医学の名医と言われる白先生を招へいし、東洋医学の研究だけでなく鍼灸治療もする診療所を併設したところに特徴がある。

気が体内を規則正しく循環しているかどうかをとらえる状態を表わしているのが「脈」であ

る。漢方の名医が脈をとって病気の原因を診断するのは手首の動脈の寸、関、尺の位置に３本の指を当て、強くおさえた場合と、軽く当てた場合の２通りで、計６通りの情報を得て、左右の手首の情報を合わせた12通りの情報により体内各臓器の状態を診断する。診断の結果により、治療法として鍼、灸、マッサージ、漢方薬等につなげていく。

白先生は栃木県鹿沼市の「希望の家」を訪ね、当時個室にこもりがちだった井深の次女を東洋医学の脈診機で診察した。白先生は、彼女が服用していた精神安定剤のトランキライザーを止めさせて、漢方薬に切り替えたところ、こもっていた個室を出て、食堂の後片付けなどを積極的にやるように生活が改善する効果が表れたという。

１９９１年3月には、開発を進めていた脈波観測装置が厚生省から正式に認可を得る成果を上げた。最終的には、センサーで脈診して名医の判断経験を組み込んだＡＩソフトウエア等によって病気の自動診断ツール等の医療機器開発しようとしていた。

１９９２年4月井深は不整脈で倒れ、脳梗塞を併発した。病院では点滴の煩わしさもあり寝付けなかったので睡眠薬を毎晩１錠を飲みはじめたら、昼間も意識が混濁してきた。西洋医学の薬害の怖さを知る家族が、睡眠薬の量を８分の１に減量してもらうようにしたところ、井深の意識は正常に戻ったという。

井深がソニーの役職を退いた後に研究した東洋医学では、人の生は気の集まりであり、散ずれば死となる。永続する種（人類）としての気の存在と、個別の人間の心に住む気の関係を理解できれば生死の煩いを超越できるとしている。

第6章
エピローグ

再婚により安息の家庭を得る

井深は大学を卒業してPCLで働き始めた3年目に、父親代わりに井深を気遣かってくれていた野村胡堂の媒酌で1936年（昭和11）、前田多門の次女と結婚。小田急線の東北沢駅近くに新居を構えて翌年長女が生まれ、1940年（昭和15）に次女が、1945年（昭和20）には長男がうまれ1男2女に恵まれた。

終戦直後には、前田多門の家は戦火で失ったため、東北沢の井深の家に義父の前田多門は次女と一時同居することになり、義父が文部大臣の職から公職追放されたのをきっかけに前田多門にソニーの前身の東通工初代社長をお願いすることとなった。

女子美術学校で絵を専攻した妻は社長業で多忙な井深に代わって、障碍のある次女の世話をせねばならず、仕事一筋の夫との会話も少なく、夫婦間に溝が生じることとなった。

1958（昭和33）年、長男が中学生のころ井深は別居を決意、当時目黒に住んでいた家族を置いて一人家を出て社長業に専念する生活を始めた。

井深が家を出て別居生活をしていたころに、東京で初恋の相手であった黒沢淑子と偶然に再会したことがあったと井深は自伝に記している。

一見堅物のように見える井深に、青春時代の初恋があったのは意外だった。

井深の初恋は井深が中学3年の時に祖父が亡くなって16歳の井深大が井深家の墓のある函館に行って納骨する際に、祖父の後妻で、井深と血のつながりのない後妻と親戚関係にあった4歳年下の札幌の北星女学校に通う黒沢淑子との出会いにあった。祖父の後妻は母サワの叔母にあたり黒沢淑子とも面識があった。

その後、井深は毎年夏休みになる度に、学費を援助してくれる祖父の妹が嫁いだ北海道の太刀川家に行き、時折、黒沢淑子の家で銀行勤めの父黒沢美徳にも会って親しくしてもらっていた。しかし、井深が大学を卒業して就職した後は、仕事に夢中となり、夏季休暇もなく北海道へはいかなくなって、過去の思い出だけになっていたという。

井深の自伝では、

「4つ違いなので幼い時から顔を合わせ、私にとって妹のように感じていた。生前母は『あなたは、あの人をお嫁さんにすれば、きっとうまくいく』といっていたことがあったが…当時私も一人前にはなっていなかった。そのうち彼女の方が先に結婚してしまった」と記している。

社長業をやっていた井深が、東京で初恋の相手であった黒沢淑子と偶然に再会した時のことについては、

「当時彼女はお姑さんにひどく虐げられているように見え私の心に同情心があったことは事実。一方私の方もやはり結婚生活がうまくいっておらず（別居しており）悩んでいた。丁度そのこ

ろ、アメリカから持ち込んだステレオ音楽の感動を分かち合おうと多方面の方々を招き試聴してもらっている時で、ステレオ音楽を試聴に来ないかとさそった。彼女とは昔から気も合い、そのころ同じような境遇に立たされたこともあり、私たちはすぐに意気投合した」
「その後、淑子の方は協議離婚が成立して、姑の住む家を出て、ソニーPCL（株）の秘書の職を得て自活する道を進んだ」とある。

しかし井深の方は「前の家内がどうしても離婚を承諾してくれない。いくら家庭生活がうまくいっていないからといっても、好きな人が出来たから離婚して欲しいというのも、無理な話かも知らないが、私としては辛い日々であった」と記している。

1962年（昭和37）に義父の前田多門が亡くなった後、前田家側で中に入ってくれる人いて、1965年（昭和40）に和解の上で離婚できるように取り計らってくれたという。翌年、井深57歳、淑子53歳にして晴れて初恋の人であった淑子と再婚できた。

東京都港区三田にあるマンションでの井深の家庭生活は井深にとって安息の場となった。
自伝には、「妻は明るい性格で客の接待もうまい。表に出るのは嫌がるのだが、私が仕事の関係から人を家に連れて来ても、いやな顔ひとつせず応対してくれる。さらに、家庭づくりにおいても持ち前の陽気さを発揮して、私のコントロールも実に巧みで上手である。彼女の存在は大きい。そばにいるだけで心が満たされ、安らぐのである。今や彼女は公私両面においてなくてはならない最良パートナーである」と書かれている。

淑子夫人と井深の至福の家庭生活は29年間続いた。

大事な人に先立たれる

井深は、83歳の時に生涯の親友だった本田宗一郎が１９９１年８月死去し、その３年後の１９９４年（平成６）に最愛の淑子夫人に先立たれている。

１９９１年12月に書籍「わが友本田宗一郎」（１９９１年ごま書房刊）に次のような追悼の言葉を記載している。

「１９９１年８月５日、本田宗一郎さんが84歳の生涯を終えられました。本田さんは私が心より尊敬する先輩であり、また兄貴と慕うかたでした。お互いに本田技研工業最高顧問、ソニー名誉会長などという肩書抜きで40年の長きにわたって親しくお付き合いしてきました」

親友であった本田技研創業者の本田宗一郎の死去に際して、奥さんから次の話を聞いて、親友の夫婦愛について井深が感動した追悼話もあった。

「亡くなる２日前の真夜中に本田さんは奥様に、『自分を背負って病室の中を歩いてくれ』とおっしゃったそうです。（身長が本田さんより高く体格の上回る）奥様は、点滴の管をぶら下げた本田さんを背負い、病室の中をゆっくりと歩いて回ったそうです。…最後は『満足だった』という言葉を残して、（2日後に）あの世に旅立ったそうです。

『これが本田宗一郎という人の本質であったか』と、とめどなく涙が流れたものです。

数年前、金沢から羽田まで、本田さんのヘリコプターで一緒に帰ってきた時、本田さんは『家内より先に死にたい』と繰り返しおっしゃっていました。外で（芸者遊びなど）好き勝手なことをやっていられたのも、本田さんがいつも奥様に心から甘え頼っていらっしゃったからでしょう。

…最後まで奥様に甘えることができ、感謝の言葉を残して去っていった本田さんは、ご本人も本望だったろうと思うのです」

本田さんが亡くなった翌年の1992年（平成4）春、井深は脳梗塞で倒れた。淑子夫人は看病などで忙しく立ち回っているさなか1994年（平成6）に急逝した。最愛の夫人に先立たれた。井深に先立つこと3年前のことであった。

井深の人生哲学

井深の生き方の思想は「望むところを確信して、未だ見ぬものを真実とする」であり、学生時代の恩師で、早大理工学部電気工学科を創設時の山本忠興教授によって感化されたものであった。

　創業したソニーも、大衆の望むところの究極の北極星を井深が掲げ、ソニーの開発陣が総力で大衆が見たこともない使う人のライフスタイルを変えるような新製品を現実として人々に提供し続けた結果、世界市場で認められ大企業に上り詰めたのである。日本の高度成長期のソニーの活動は井深の生き方をもとに運営されたのである。

　ソニーの経営でも、家族の長としても、更なる私的な面でも、区別は無い。人類社会、所属する会社や業界、家族、自分自身などが直面する課題などについて、望ましい姿を描き出して、すぐできるかどうかは無関係にできると信じて、優先順位を付けて実現させ、所属する企業や家族が自分の死後も豊かに暮らせるように後世に残す活動、即ち遺伝子につなぐ活動として一歩ずつ進める。

　自身の肉体はやがて死を迎えるが、その望ましい姿の実現に向かう行動を通して心に蓄積された人類文化の進展に貢献するノウハウは死後に遺伝子となって人類に受け継がれることを信じ、身近で接していた人々の心にも残る。

　井深は「誰もが、この世を通り過ぎていくならば、世のため、何を学び、何を残していくかを常に心がけねばならない。お金とか、地位とか、豪邸を持っていても、死んでいくときには持っていけません。死んだときに持っていけるのは、自身の周りで、まだ解決されていない公私にわたる諸問題を優先順位をつけて、死の直前まで解決しようと研究し実践することで、心の中に知識として蓄えられた心の糧が、死とともに気となって種につながる。だから肉体は年齢とともに衰えて最後には体が言うことを聞かなくなっても、種とつながる生き方を心がければ、生き生きとした人生が送れる」と語っている。

ダーウィンの進化論は、確率論的に起こる種の突然変異が、地球環境変化や外敵に対し種が生き残り発展できる源だとしている。しかし、人間も含めた生物が、確率論でなく一代一代、望むところを実現しようと、個体の死の間際まで、努力し続け、その成果を積み上げた結果が、その死後、気となって種に受け継がれて、この願いを実現する種の変異が達成される。

井深はこのことを信じていたと思われる。

井深は1991年の講演で、細胞は個体全体のシステム情報をもっているとの証拠があると次のように語り、今日のiPS細胞の存在を予言していた。

「肉体を構成する細胞一つ一つに意志や、責任感や、運命論を持ち、あたかも一つの細胞というものが、一つの人間と同じような役割をしているとか考えられない節がたくさんある。細胞自体はすぐ滅びて、遺伝子を使って跡継ぎをこしらえていき、その細胞自身の命を永らえる使命感を持っているほかに、細胞が集まって、たとえば心臓近くに存在すると、知らぬ間にその細胞は心臓を形成している一員として立派に心臓の働きにも同調する。

エマージェンシーが起きた時にも、細胞というのはネットワークというものを持っているようにしか考えられない別の働き方をする。細胞にはシステム論的な相互関係という感知機能をもつ重要な役割があるのだが、デカルト的科学論ではこうした発想は一つも出てこない」21世紀になってＩＰＳ細胞の発見で山中教授がノーベル賞を受賞したことで、井深の「細胞というのは別の働きをする」論が証明されている。

またゲノム医療の進展などから、人の生活習慣によってはＤＮＡにガン化のスイッチが入る変異が後天的に生ずることも明らかになってきている。

人類文化の進展に貢献する種につながる前向きな生活習慣を身に付ければ、井深の言うように人のＤＮＡに影響を及ぼして種につながることも解明されるかもしれないゲノム新時代を迎えている。

古代ローマの皇帝に2代仕えた政治家であり、引退後に哲学者生活を送った後期ストア派哲学者のセネカは、「人生の短さについて」の随筆で、「無意味なことで多忙に生きることをやめ、過去の人が築いてきた文化の発展につながる貢献を目指して生きる人こそ、人間としての至高の人生であり、いつ死期がきても当然のごとく受入れられる」との言葉を伝えているが、井深の生き方はまるで至高の生き方を目指すストア派哲学者のようでもある。

キリスト教は、認識や意思の働きをする霊魂と、可分的な機械仕掛けで動く肉体が合体した人間は、一代だけの存在であるが、霊魂は、死後も主（種）とともに生き続けるとされている。また、心の底から湧きあがる個々の人の望みや志は、神からの啓示であるから、迷わず突き進んでそれを実現すべく生ある限り行動することが、真の人間の生きるあかしであるとしている。

井深が生涯の師と仰いだ山本忠興教授の一生は、死後、関係者が記した山本忠興伝の裏表紙に新約聖書のヘブル書11章1節が書かれ、本人の生き方そのものを表している。井深の一生も同じく「望むところを確信し、まだ見ぬものを真実とする」を貫いた生涯であった。

常にいま自分が向かっていこうとしている方向や心の中で解決できていない問題を考えながら、書店の本棚を眺めると『心に革命を起こしてくれそうな本や私に見つけられるのを待っているような本』と出合う。

また毎朝読む各新聞の下段に並ぶ新刊書の案内は丹念にみる。そして本を乱読しどんどん自分の中に新しい知識を蓄積していく。読んだ本の著者のパーソナリテイに興味を持てばその全ての著作を読破することもいとわない。

肉体は衰えていくけれども、この取り組み、その知識、その成果が、死後も気となって種につながると、身近な人々に語り続けた。

井深の死

井深は1997年（平成9）12月19日夜明け前の3時38分に自宅で長女とその夫の医師、長男夫妻に見守られて逝った。本人が予告した通り夜寝ていてそのまま夜明け前に苦しみもなく逝った臨終であったと、長男の井深亮氏が著書『父　井深大』（1998年9月ごま書房刊）に記している。

西洋医学に不信感を抱いている井深は、日ごろから周りの人たちに次のことを言っていた。

「死について、自分でも不思議なくらい関心がない。夜寝ていてそのまま目が覚めなければ、それでいいじゃないか。私が死んでしまったら皆は悲しむかもしれないし迷惑もかけるだろう、自分としてはそれでバイバイだからね。僕は病院でなく、家で人知れず眠るように逝くよ」

（「井深大語録」井深精神継承研究会　1994年ソニーマガジンズ刊）

〈主な参考文献〉

「東宝映画10年史」1942年　東宝映画（株）
「母よ嘆くなかれ」パール・バック　1950年　法政大学出版局
「S社の秘密」」田口憲一　1962年　新潮社
「井深大」山崎武敏　1962年　時事通信社
「婦人公論」1962年12月号
「私の履歴書　井深大」ソニー社長 井深大
　1962年12月の日経新聞朝刊に連載記事
「山本忠興伝」1983年　山本忠興博士伝刊行会
「日本の磁気記録開発」1984年　ダイヤモンド社
「創造の旅」井深大　1985年　佼成出版社
「ソニー創立40周年記念誌　源流」ソニー（株）　1986年
「創造の人生、井深大」中川靖造　1988年　ダイヤモンド社
「わが友　本田宗一郎」　井深大　1991年　ごま書房
「人作りの原点」井深大
　1991年　早大理工学研究科創設40周年記念シンポジウム講演録
「人間　井深大」島谷泰彦　1993年　日刊工業新聞社
「井深大の世界」小島徹　1993年　毎日新聞社
「クロマトロン物語」新居健彦　1993年　自書レポート
「井深大語録」井深精神継承研究会　1994年　ソニーマガジンズ
「私たちの成城物語」中江泰子・井上美子　1996年　河出書房
「ソニー技術の秘密」木原信敏　1997年　ソニーマカジンズ
「教育力」　丸山敏秋　1997年　風雲舎
「次世代オーディオに挑む」中島平太郎　1998年　風雲社
「父　井深大」井深亮　1998年　ごま書房
「カタクリの群れの咲くころの・野村胡堂あらえびす夫人ハナ」藤倉四朗
　1999年　青蛙房
「国産トランジスタの歴史」川名延善之　2000年　自書レポート
「井深さんの夢を叶えてあげた」木原信敏　2001年　経済界
「技術でいきる！」松浦元男、岡野雅行　2003年　ビジネス社刊
「ソニーの遺伝子」勝美明　2003年　日経人ビジネス文庫
「運命の法則」天外伺朗　2004年　飛鳥新社
「井深大がめざしたソニーの社会貢献」宮本喜一　2009年　WAC
「人生の短さについて　他2編」セネカ著　中沢務訳
　2017年　光文社古典新訳文庫

おわりに

この世の中には、２種類の生き方をする人間がいるという。

人生の目的を金持ちになることとか、企業や官庁の役員・高官を目指す名誉欲志向の人たちである。この人たちの特徴は、自分がいつか必ずや死すべき存在だということを忘れ、無駄な努力や多忙な日々を送り、毎年の人間ドックの結果に一喜一憂しながら、人生を過ごしている。そしてある時突然訪れた、死という現実を前にして、あわてて医者のもとに走り込むが、なすすべもなくこの世を去る人々。

一方では、井深大のように、こんにちの便利で豊かな文明は、過去の人たちが苦労して築いた物の上で享受できていることを知り、過去の人々が築いてきたものを、さらに進歩させ、後の世につなげる為の英知を求め、毎日の時間を使う人たちがいる。

この世の中を、自分は通り過ぎるだけの存在であることを自覚している人たちにとって、人類の遺伝子につながる生き方は至高のものとの信念があり、時には死も恐れることもなく、十分に満ち足りた日々を送り続ける。

最後の日が訪れようともためらうことなく受け入れる人々。

本書をお読みいただいた皆さんにお願いしたいことは、明日からでも、身近な人たちが今より便利で豊かに暮らせるように、日々考え行動し、毎日の時間を使う生活に切り替えてみてください、ということです。

そうすれば、あなたも井深のように、人類という遺伝子につながる生き方をしているとの自覚が生まれ、十分に満ち足りた日々と人生を送ることができます。筆者は本書をとおして、このこともおすすめしているのです。


筆者は、ソニーを定年でリタイアした後、ある企業から、昇格者研修等を続けて欲しいとの要望を受けて、自宅開業をし10年間継続。その後、井深大の思想などを後世に残したいと思い原稿を書き上げたところ、2020年新型コロナウイルスによるパンデミックが世界を襲ったのです。

そして、2020年4月、NHKのBS1放送で、著名な経済学者や歴史学者により、これまでのグローバル経済の価値観が終了し、パンデミック終焉の数年後に、人の命を尊重する産業などへの新たな時代のパラダイムシフトが起こるとの予言が伝えられました。

これに筆者は衝撃を受けました。何故なら、1992年の時点で既に井深が残した、「21

世紀の2025年に人の心至上主義へのパラダイムシフトが起こる」との予言とあまりにも一致していることに驚いたのです。

井深は生前、ごま書房から『幼稚園では遅すぎる』など多くの幼児教育関連書や、生涯の同志本田宗一郎の追悼本『わが友本田宗一郎』などを出版していたので、現在のごま書房新社に筆者が連絡したところ、幸運にも本書を出版していただけることとなりました。

私がまとめた原稿は、昔の職業柄、血の通っていない調査報告書のような原稿だったものを、池田社長によって血の通った読者にも共鳴していただけるような原稿になるよう指導していただきました。改めて感謝いたします。

パンデミック以前の原稿は、ソニーOBの唐沢英安データ・ケーキベーカー（株）代表にも見ていただきご講評をいただきました。氏は現在も、井深大の新製品開発FCAPSについて、大学や学会でも研究発表をしておられます。ソニー現役時代には、「唐沢学校の先生」ともいわれ、その教育指導を受けた数多くのソニー幹部を育てたことでも知られています。

また現役時代に私が仕えた、ソニー創業者の直属で働いていたソニーの元副社長クラスの方々からは、「ソニー井深大」の人となりを聞かせていただき、この創業者についての多くの関係文書などに触れさせていただき、学ばせてもらいました。

このお一人おひとりのお名前をあげるにはスペースの関係で出来ませんが、この場を借りて心よりお礼申し上げます。

最期に。43年間つれ添った妻は、私がやるべきことをやらなければ容赦なく直言してくれる、この妻のおかげでこの原稿を完成させることができたと感謝している。

2020（令和2）年11月

豊島《てしま》 文雄

◆著者略歴

豊島 文雄（テシマ フミオ）

1973年　早稲田大学理工学研究科修士課程卒、同年ソニー（株）入社。
ウオークマン発売6年前のテープレコーダ部隊に配属。その後、カメラ＆ビデオ事業部。

1986年　企画業務室長。
社内の不採算事業本部の再建を指揮するK元副社長の側近となり、オーディオやビデオやテレビ各事業本部を移動しながら業績回復のキャンペーンに貢献。その後N元副社長の側近となりテレビや半導体やデバイスの各事業本部を移動しながら業績回復キャンペーンに貢献。「ソニーの遺伝子」勝美明著1998年ダイヤモンド社刊に平面ブラウン管（ベガ）のキックオフの際の登場人物として紹介される。

1998年　主席（マネジメント研究分野の部長級専門職、延べ6000人を教育）

2002年　ソニー中村研究所（株）設立時取締役

2006年　ソニー中村研究所（株）解散

2007年　（株）1・10・100経営　代表

2025年のパラダイムシフト
井深大の箴言

著　者　　豊島 文雄
発行者　　池田 雅行
発行所　　株式会社 ごま書房新社
〒101-0031
東京都千代田区東神田1-5-5
マルキビル7階
TEL 03-3865-8641（代）
FAX 03-3865-8643
カバーイラスト　（株）オセロ 大谷 治之
DTP　海谷 千加子
印刷・製本　東港出版印刷株式会社

ISBN978-4-341-08778-4 C0030